JN269491

図解でわかる
NPO法人
一般社団法人
いちばん最初に読む本

行政書士
石下貴大 著
Ishige Takahiro

アニモ出版

はじめに

「NPO法人と一般社団法人は何が違うのですか？」「収益をあげてはいけないのですか？」「自分の想いや事業内容に一番適した法人の形態はどれですか？」――社会の役に立ちたい、世の中に貢献する事業をしたい、社会的な課題の解決に取り組みたいという人、いわゆる社会起業家（ソーシャル・アントレプレナー）が増えるなかで、このような相談をたくさんいただいてきました。

法人形態は、株式会社や合同会社のような「営利法人」、そしてNPO法人や一般社団法人のような「非営利法人」に大きく分けられます。非営利法人には、認定NPO法人や公益社団法人などもあります。これらについてしっかり比較したうえで、それぞれの想いや理念、事業計画などに最適な法人形態を選ぶのは、実は容易なことではありません。

株式会社だから社会貢献できないわけでも、NPO法人が収益をあげていけないわけでもありません。利益をあげることで税金を納めることは、国力を支える意味で必要不可欠なことですし、会社の理念として崇高な精神を掲げる企業もたくさんあります。

大切なのは、事業の内容、目的に最適の法人形態を選び、それぞれの想いや理念を実現していくことなのです。

本書では、それぞれの法人形態を比較しやすいように、図表を多く使って説明し、また、必要な書式や記載例も織り込んでいます。単に、設立についての解説だけでなく、設立後も参考にしていただけるような届出や手続きについてもできるだけ触れました。

本書が、数ある社会的問題に対し、よりよい社会、よりよい未来を創るような事業をされる皆さまにとって、お役立ていただければ幸いです。

2012年6月　　　　　　　　　　　　　　行政書士　石下　貴大

本書の内容は2016年10月10日現在の法令などにもとづいています。

『図解でわかるNPO法人・一般社団法人　いちばん最初に読む本』

もくじ

1章 まず、非営利法人について知っておこう

1-1 法人には「営利法人」と「非営利法人」がある ―― 10
「営利法人」は利益の分配を目的とする法人
「非営利法人」は利益の分配を目的としない法人

1-2 非営利法人には「一般法人」と「公益法人」がある ―― 12
「公益法人」とはどんな団体か／一般法人と公益法人との違いは？
どのような制度改革が行なわれたのか
従来の公益法人はどうなるのか？

1-3 非営利法人は営利法人とどこが違うのか ―― 18
株式会社と比較してみましょう

知っ得コラム　「任意団体」とはどういうところ？　20

2章 NPO法人のメリット・デメリット

2-1 NPO法人とはどんな団体か ―― 22
「NPO」「NPO法人」とは／NPO法人の特徴と役割

2-2 NPO法人にはどんなメリットがあるか ―― 26
①社会的信用の増加／②団体名による契約や登記が可能
③組織を永続的に維持できる／④経費の認められる範囲が広い
⑤官公署から事業委託・補助金を受けやすい
⑥金融機関からの融資も可能／⑦税金面で有利に

2-3 NPO法人にはこんなデメリットがある ―― 30
①事務手続きが煩雑／②設立時に最低10人以上の社員が必要
③解散しても残余財産は戻ってこない／④設立に時間がかかる

2-4 NPO法改正のポイントはこれだ ―― 33

①活動分野が従来の17から20に増えた
②所轄庁の管轄が変わった／③縦覧期間中の補正が可能になった
④社員総会の決議の省略が可能に
⑤理事の代表権の制限が第三者に対抗できるようになった
⑥届出のみで足りる定款変更事項が拡大された
⑦解散公告が簡素化された／⑧未登記法人の認証の取消しの規定化
⑨会計の明確化／⑩他県に従たる事務所を置く手続きが簡単になった
⑪認定ＮＰＯ法人の制度が変わった
⑫理事の登記が、代表権のある者（理事長等）のみになった
⑬その他、提出する書類の名称等が変わった

2-5 ＮＰＯ法人を設立するには条件がある ─── 38
15の設立要件を満たすことが必要

2-6 ＮＰＯ法人の設立に必要な組織とは ─── 42
理事、監事などの役員の選任が必要
- ◐知っ得コラム▶ ＮＰＯ法人の「理事会」とは　43
- ◐知っ得コラム▶ こんなにある検定制度　44

3章 ＮＰＯ法人の設立手続きのしかた

3-1 設立手続きの流れはこうなっている ─── 46
「設立発起人会」を開催する／「設立総会」を開催する
申請書類を作成する／設立認証の申請を行なう
公告・縦覧と所轄庁による審査を受ける／登記の申請を行なう
各種の届出書を提出する

3-2 所轄庁への認証申請にはどんな書類が必要か ─── 51
①設立認証申請書／②定款／③役員名簿
④各役員の就任承諾書及び宣誓書
⑤各役員の住所または居所を証する書面
⑥社員のうち10人以上の者の名簿／⑦確認書／⑧設立趣旨書
⑨設立についての意思の決定を証する議事録の写し
⑩設立当初の事業年度及び翌事業年度の事業計画書
⑪設立当初の事業年度及び翌事業年度の活動予算書
- ◆「設立認証申請書」の記載例　52
- ◆「定款」のモデル例　61

- ◆「役員名簿及び役員のうち報酬を受ける者の名簿」の記載例　73
- ◆「就任承諾書及び宣誓書」の記載例　74
- ◆「社員のうち10人以上の者の名簿」の記載例　75
- ◆「確認書」の記載例　77
- ◆「設立趣旨書」のサンプル　78
- ◆「設立についての意思の決定を証する議事録の写し」の記載例　80
- ◆「事業計画書」の記載例　81
- ◆「活動予算書」のサンプル　83

3-3　法務局への登記申請にはどんな書類が必要か ―― 84
「設立登記申請書」などの提出が必要
- ◆「設立登記申請書」の記載例　85
- ◆「印鑑届書」の記載例　87
- **知っ得コラム**　社会起業と助成金　88

4章　NPO法人の運営のしかた・税務の取扱い

4-1　設立後に必要となる届出と提出書類 ―― 90
NPO法人の登記完了後に所轄庁へ提出する書類
収益事業を行なう場合の税務署への届出
税務署以外への税務関係の届出書類／労働保険関係の届出・手続き
社会保険関係の届出・手続き
- ◆「設立登記完了届出書」の記載例　91
- ◆設立当初の「財産目録」のサンプル　92
- ◆「収益事業開始届出書」の記載例　93
- ◆「給与支払事務所等の開設届出書」の記載例　95
- **知っ得コラム**　税法で定められている34種類の収益事業　94

4-2　NPO法人も決算をしなければならない ―― 99
毎事業年度、事業報告も行なわなければならない
毎事業年度、所轄庁に提出すべき書類とは
- ◆「事業報告書」の記載例　100
- ◆決算時の「財産目録」のサンプル　101
- ◆「貸借対照表」のサンプル　103
- ◆「活動計算書」のサンプル　104
- ◆決算時の「役員名簿」の記載例　105

4-3 定款を変更するときに必要な手続き ──── 106
どんな場合に定款の変更が必要になるのか
変更登記が必要になる場合とは／どんな書類を提出するのか

4-4 役員を変更するときに必要な手続き ──── 109
どんな場合に変更登記をするのか
どんな書類を作成・提出するのか

4-5 NPO法人にはどんな税金がかかるのか ──── 110
法人税はどんな場合にかかるか
法人住民税、法人事業税の申告手続き
消費税はなぜ課税されるのか

5章 認定NPO法人制度を活用してみよう

5-1 認定NPO法人制度とはどんな制度なのか ──── 114
認定NPO法人制度とは
「認定NPO法人」「仮認定NPO法人」とは
認定NPO法人になるとどんなメリットがあるのか

5-2 認定NPO法人となる基準はどうなっているのか ──── 117
認定基準を受けなければならない
認定を受けられない「欠格事由」とは
認定等の有効期間はどのくらいか

5-3 パブリック・サポート・テストに関する基準とは ──── 120
パブリック・サポート・テストとは何か／相対値基準とは
絶対値基準とは／条例個別指定とは

知っ得コラム 小規模法人の特例　122
知っ得コラム 寄附金とは　124

5-4 認定等を受けるための申請手続きのしかた ──── 125
「認定」を受けようとする場合は
「仮認定」を受けようとする場合は
認定の有効期間の更新を受けようとする場合は
認定NPO法人等の提出書類と情報公開

知っ得コラム 認定NPO法人のメリット　128

6章 一般社団法人の特徴と組織のしくみ

6-1 一般社団法人とはどんな団体か ── 130
「一般社団法人」とは

6-2 一般社団法人にはどんなメリットがあるか ── 132
①事業に制限がなく、短期間で事業を開始できる
②手続きや運営が簡単
③株式会社と比べ費用負担が少ない／④税法上のメリットがある
⑤法人名義で銀行口座の開設、不動産等の契約ができる
⑥国や地方自治体と契約する場合に有利／⑦社会的信用が得られる

6-3 一般社団法人にはこんなデメリットがある ── 134
①認知度や社会的信用力が見劣りする
②公益認定を受けるには高いハードルがある
③利益の分配ができない

知っ得コラム 一般財団法人とどこが違う？　135

6-4 一般社団法人に必要な組織「社員」の権限と役割 ── 136
「社員」は「従業員」とは意味が異なる
社員の退会や除名はできるか？
「社員総会」の権限は理事会のある・なしで異なる
社員総会の手続きはどうなっているか

6-5 一般社団法人に必要な組織「理事」の権限と役割 ── 141
理事にはどんな権限があるか／理事の義務とは／理事の責任とは
理事の選任の方法／理事の解任と任期／理事会の構成と招集権者
理事会の議題と議事録の作成

6-6 「監事」「会計監査人」の職務と選任 ── 147
「監事」の職務とは／監事の選任・任期・解任
「会計監査人」の職務と選任・任期・解任

6-7 役員の報酬はどうしたらよいか ── 150
「理事」の報酬の決め方／「監事」の報酬の決め方
「会計監査人」の報酬の決め方／公益認定と役員の報酬

知っ得コラム 役員の欠格事由　151

6-8 「基金」制度の利用のしかた ── 153
一般社団法人の「基金」とは／基金制度を採用するときの手続き
基金の募集方法とその拠出の方法／基金の返還についての取扱い

7章 一般社団法人の設立手続きのしかた

7-1 一般社団法人の設立のための条件とは ―― 156
一般社団法人の設立要件／「機関」についての主な要件
「運営」「その他」についての主な要件

7-2 一般社団法人の設立手続きの流れ ―― 158
①一般社団法人の概要を決定する／②定款を作成する
③公証人の定款認証を受ける
④設立時理事・監事・会計監査人の選任を行なう
⑤設立時代表理事の選定を行なう／⑥基金の募集事項を決定する
⑦管轄法務局で登記申請を行なう

7-3 定款の作成で気をつけること ―― 161
「絶対的記載事項」とは／「相対的記載事項」とは
「任意的記載事項」とは
◆「定款」のモデル例　164
◆「定款」（簡易版）のモデル例　170

7-4 一般社団法人の設立に必要となる書類 ―― 172
添付モレ、記載ミスのないようにしよう
◆「一般社団法人設立登記申請書」の記載例　173
◆「設立時理事及び設立時監事の選任決議書」の記載例　174
◆「主たる事務所の所在場所決議書」の記載例　175
◆「就任承諾書」の記載例　176
◆「登記すべき事項」のテキストファイルの記載例　177

8章 一般社団法人の運営のしかた・税務の取扱い

8-1 設立後に必要となる届出と提出書類 ―― 180
税金に関する届出／労働保険関係の届出／社会保険関係の届出
◆「法人設立届出書」の記載例　181

8-2 一般社団法人を運営していくうえで必要となる手続き　184
「定時社員総会」の開催／「決算」とその公告を行なう
法人税等の申告・納付／役員に変更があったときは

8-3 一般社団法人にはどんな税金がかかるのか ―― 186

一般社団法人への課税は業務形態で異なる
非営利型一般社団法人になるにはどうしたらいい？
共益活動型一般社団法人になるにはどうしたらいい？
法人住民税の取扱い

知っ得コラム 残余財産の帰属　189

9章 社団法人が公益認定を受けるしくみ

9-1 公益社団法人の認定を受けるにはどうする？ ——— 192
「公益社団法人」とは／欠格要件に該当していないか

9-2 公益認定を受けることのメリット・デメリット ——— 195
公益社団法人のメリット／公益認定を受けることのデメリット

9-3 公益目的事業とはどんな事業をいうのか ——— 197
学術、技芸、慈善その他の公益事業であること
不特定かつ多数の者の利益増進に寄与すること

9-4 公益社団法人の設立手続き ——— 200
一般社団法人を設立してから申請する
公益社団法人への移行を前提にした社団法人の設立
公益認定の申請をする際に必要な書類

◆「変更登記申請書」の記載例　201
◆「公益認定申請書」の記載例　204

編集協力●株式会社プログレス
カバーデザイン●水野敬一
本文ＤＴＰ＆図版＆イラスト●伊藤加寿美（一企画）

1章

まず、非営利法人について知っておこう

あなたが知りたいことは？

◎非営利法人とは？　⇒ 10ページ
◎公益法人とはどんな団体？　⇒ 12ページ
◎公益法人制度は変わったの？　⇒ 12ページ
◎非営利法人と株式会社の違いは？　⇒ 18ページ
◎任意団体ってどういう団体？　⇒ 20ページ

1-1
法人には「営利法人」と「非営利法人」がある

「営利法人」は利益の分配を目的とする法人

　自然人以外で法律上の権利義務の主体となることができるものを「**法人**」といいます。

　そして法人は、大きく分けると「**営利法人**」と「**非営利法人**」に分けることができます。

　「営利法人」とは、構成員への利益の分配を目的とした法人で、**株式会社**や**合同会社（ＬＬＣ）**などがこれに該当します。たとえば株式会社は、株主への利益の分配を目的とする法人です。

「非営利法人」は利益の分配を目的としない法人

　一方、「非営利法人」とは、構成員への利益の分配を目的としない法人です。**ＮＰＯ法人**や、**公益法人**、**社団法人**、**財団法人**、その他、宗教法人、学校法人、社会福祉法人などがこれに該当します。

　非営利法人は「利益を得てはいけない」と思われがちですが、そんなことはありません。たとえば、ボランティアでやっているのだから、お金を払って人を雇ってはいけないということはなく、給料を払って人を雇うことができます。

　ただし、非営利法人の収益は、構成員に分配するのではなく、その団体の目的を達成するために使っていきます。

　営利法人と非営利法人の基本的なしくみは、次ページ図のようになります。

◎「営利法人」「非営利法人」とはこういうところ◎

1章 まず、非営利法人について知っておこう

営利法人
構成員への利益の分配を目的とした法人

【例】
- 株式会社
- 合同会社（LLC）

非営利法人
構成員への利益の分配を目的としない法人

【例】
- NPO法人
- 社団法人
- 財団法人
- 学校法人

収益は、団体の目的の達成のために使う

11

1-2 非営利法人には「一般法人」と「公益法人」がある

「公益法人」とはどんな団体か

「**公益法人**」とは、公益を目的とする事業を行なう法人であり、「公益」とは、**社会全般や不特定多数のものの利益を目的とする活動**のことをいいます。公益法人を設立する場合には、一定の公益事業を目的としていなければなりません。

しかし実際には、公益目的の認定基準は明確ではなく、そのためかつては、多くの団体が法人格を取得することはできませんでした。

そこで、平成20年（2008年）に**制度改革**が行なわれ、事業に公益性がなくても、「**一般社団法人**」や「**一般財団法人**」として法人格を取得することが可能になりました。

そして、一般社団法人・一般財団法人のなかで、公益性を有するものとして認められた法人については、「**公益社団法人**」や「**公益財団法人**」となることができるようになったのです。

一般法人と公益法人との違いは？

一般社団法人と一般財団法人は、営利を目的としない法人格を有する団体ですが、公益法人ではありません。公益法人として活動するには、**公益社団法人か公益財団法人として登記**をする必要があります。

また、手続きをしても、公益認定等委員会によって公益法人として認定するかどうかの判断が行なわれ、最終的には、内閣総理大臣または都道府県知事による認定を受けなければなりません。

どのような制度改革が行なわれたのか

従来の公益法人制度は、法人の設立と公益性の判断は一体とされ

◎新しい公益法人制度とは◎

従来の公益法人制度
法人設立等の主務官庁制・許可主義
＝
法人の設立と公益性の判断は一体化

社団法人・財団法人

【法人の設立】主務官庁の許可が必要

＋

【公益性の判断】主務官庁の自由裁量

↓ 分離 ↓

一般社団法人・一般財団法人

【法人の設立】登記のみでOK
＝
準則主義の採用

公益社団法人・公益財団法人

【公益性の判断】一般社団法人・一般財団法人のうち、希望する法人に対し、民間の有識者による委員会の意思にもとづき行政庁が認定
＝
統一的・明確な基準による判断

新しい公益法人制度
主務官庁制・許可主義を廃止
＝
法人の設立と公益性の判断を分離

ていたので、これらは主務官庁の裁量に委ねられており、設立後も行政の指導監督下に置かれてきました。制度改革では、この行政の裁量を制限し、法人の設立と公益性の判断を分離する２段階の構造にしたのです（前ページ図を参照）。

この制度改革が実施された結果、非営利活動を行なう団体で公益性のない団体についても、一般社団法人や一般財団法人として法人格を取得しやすくなりました。

なお、一般財団法人の場合には、設立時に300万円以上の拠出金を払い込む必要がありますが、一般社団法人の場合には、出資金がなくても設立することができます。

また、後述しますが、一定の要件を満たしている場合には、税制上の優遇措置も受けることができます。

さらに、ＮＰＯ法人と比較してみると、ＮＰＯ法人を設立する場合には所轄庁による認証が必要ですが、一般社団法人、一般財団法人の場合にはそのような認証は不要なので、設立までの期間は短くてすみます。

ＮＰＯ法人と一般社団法人、一般財団法人の比較については、次ページの表を参照してください。

従来の公益法人はどうなるのか？

制度改革前から公益法人として活動していた法人は、移行期間中に新制度に対応する必要がありました。

具体的には、平成20年（2008年）11月30日までに設立された公益法人については、平成20年12月１日から５年以内に新制度に移行しなければなりませんでした。

移行を終えるまでの間は「特例民法法人」として存続していましたが、期間内に移行が完了しなかった場合には、解散したものとみなされます。

公益社団法人・公益財団法人に移行する場合には、申請して移行認定を受ける必要がありました。また、公益認定を受けられなかっ

◎NPO法人と一般社団法人・一般財団法人の比較◎

	NPO法人	一般社団法人	一般財団法人
設立にかかる期間	●書類作成に3～4週間 ●所轄庁の審査で約4か月 ●登記手続きに約1週間 　合計約5か月	●書類作成に1～2週間 ●登記手続きに約1週間 　合計2～3週間	●書類作成に1～2週間 ●登記手続きに約1週間 　合計2～3週間
書類作成の煩雑さ	高い	低い	低い
設立に必要な構成員の人数	10人以上	2人以上	1人でも可
構成員（正会員等）の議決権の数	1人一票	定款で定めれば変更可	―
設立に必要な役員等の人数	●理事3名以上 ●監事1名以上 　合計4名必要	理事1名だけでも設立可	●理事3名以上 ●監事1名以上 ●評議員3名以上 　合計7名必要
役員の親族規定	あり	なし	なし
設立に必要な財産（基金）の額	0円でも設立可	0円でも設立可	300万円以上
設立手続きに必要な経費	●定款認証手数料：0円 ●定款添付印紙代：0円 ●登記時の印紙代：0円 　合計0円	●定款認証手数料：約5万2,000円 ●登記時の印紙代：6万円 　合計11万2,000円	●定款認証手数料：約5万2,000円 ●登記時の印紙代：6万円 　合計11万2,000円
活動内容	公益の増進に寄与する活動に限られる	特に制限なし	特に制限なし
所轄庁への報告義務	あり	なし	なし

1章　まず、非営利法人について知っておこう

◎新しい公益法人への移行制度とは◎

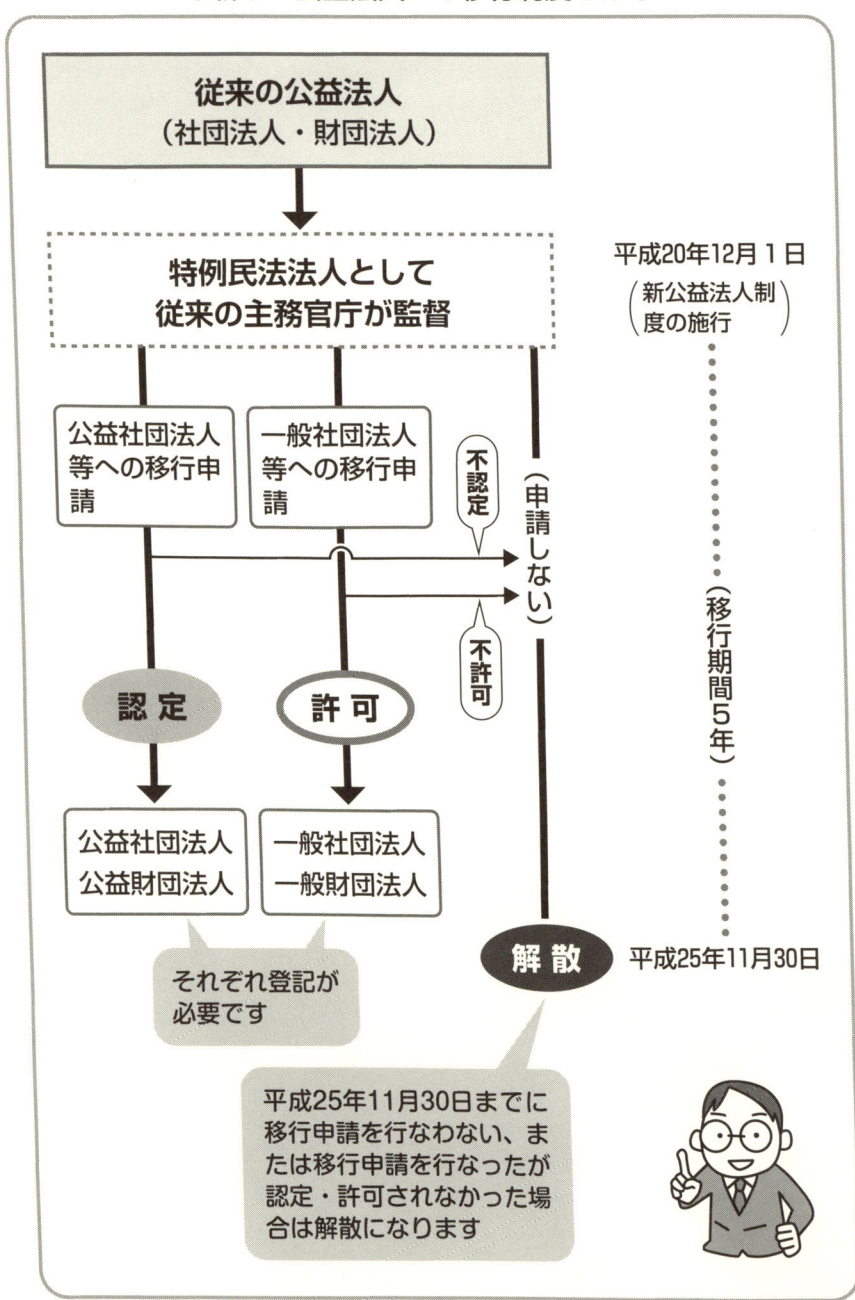

```
従来の公益法人
（社団法人・財団法人）
        ↓
特例民法法人として
従来の主務官庁が監督
```

- 公益社団法人等への移行申請 → **認定** → 公益社団法人／公益財団法人
- 一般社団法人等への移行申請 → **許可** → 一般社団法人／一般財団法人
- 不認定
- 不許可
- （申請しない） → **解散**

それぞれ登記が必要です

平成20年12月1日（新公益法人制度の施行）
……（移行期間5年）……
平成25年11月30日

平成25年11月30日までに移行申請を行なわない、または移行申請を行なったが認定・許可されなかった場合は解散になります

た場合や、認定を受けないことに決めた場合には、一般社団法人か一般財団法人に移行する申請を行なうものとされていました。

　「公益社団法人」「公益財団法人」または「一般社団法人」「一般財団法人」となった場合にはその旨の登記をし、一方、それ以外の場合には解散したものとして扱われます。

1-3 非営利法人は営利法人とどこが違うのか

株式会社と比較してみましょう

　ここまで非営利法人として、ＮＰＯ法人と一般社団法人・一般財団法人、そして公益法人について基本的なしくみを説明してきましたが、では、非営利法人は営利法人とどこが違うのでしょうか。
　そこで、営利法人の代表格として「株式会社」と、非営利法人を比較してみましょう。

　まず、株式会社は、営利法人なので対外的な活動を通じて得た利益は、その構成員、つまり株主に分配することを目的としています。
　株式会社は、その構成員の株主に対して、以下の権利を与えています。

---
①株主総会における議決権
②剰余金の配当を受ける権利
③残余財産の分配を受ける権利

　また、株主は会社に対して持分をもっているので、以上の権利は、相続や譲渡の対象にもなります。

　一方、非営利法人であるＮＰＯ法人、一般社団法人、一般財団法人、公益社団法人、公益財団法人は、利益を構成員に分配することは禁止されており、構成員（社員等）に与えられるのは、**社員総会での議決権**のみです。
　また、非営利法人の場合には、構成員は法人に対して持分をもっていないので、法人の財産＝構成員の財産ではなく、相続や譲渡の

◎NPO法人・一般社団法人と株式会社の比較◎

	NPO法人	一般社団法人	株式会社
設立手続き	所轄庁の認証後、設立登記	設立登記のみ	設立登記のみ
設立時に必要な資産	不要	不要	1円以上
設立者数	●社員10人以上 ●理事3人以上・監事1名以上	●社員2人以上 ●理事1人以上	●発起人1名以上 ●取締役1名以上
法定費用	不要	約11万2,000円	約20万2,000円（電子定款認証の場合）
所轄庁	都道府県または指定都市	なし	なし
認定・認証	あり（認証）	なし	なし
設立に要する期間	5か月〜6か月	2週間〜3週間程度	2週間〜3週間程度
社会的信用	高い	中くらい	低い
税法上のメリット	一部あり	一部あり	なし
所轄庁への報告義務	あり	なし	なし

1章 まず、非営利法人について知っておこう

> ### 知っ得コラム 「任意団体」とはどういうところ？
>
> 　「任意団体」とは、法人格のない団体のことで、法律上は「権利能力なき社団」と呼ばれています。
> 　その名のとおり、団体として活動をしていても、実際に契約などを行なう場合には、権利の主体となることができないため、団体の構成員名義で契約を交わします。また、団体名義で財産を所有することもできないため、財産は構成員の名義で所有することになります。
> 　たとえば、町内会やサークルなどは、この任意団体の典型例です。任意団体は、やはり対外的な信用度は低く、契約書や財産が個人名義となっているため、変更するときなどは法人よりも手間がかかります。
> 　また、行政からの補助金や助成金を受けるためには、法人であることが条件となっているので、これらを受けたいときは法人として設立する必要があります。

対象にもなりません。
　ＮＰＯ法人・一般社団法人と株式会社のおもな違いを比較してみると前ページ表のようになります。

2章

NPO法人の
メリット・デメリット

あなたが知りたいことは？

- ◎NPO法人ってどんな団体？　⇒ 22ページ
- ◎NPO法人のメリットは？　⇒ 26ページ
- ◎NPO法人のデメリットは？　⇒ 30ページ
- ◎NPO法はどんな改正があったの？　⇒ 33ページ
- ◎NPO法人を設立する条件は？　⇒ 38ページ

2-1 NPO法人とはどんな団体か

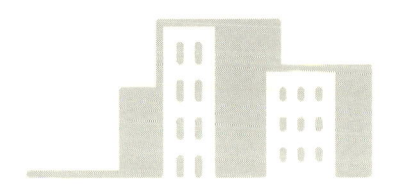

「NPO」「NPO法人」とは

「NPO」（NonProfit Organization）とは、さまざまな社会貢献活動を行ない、団体の構成員に対し収益を分配することを目的としない団体の総称です。

収益を目的とする事業を行なうこと自体は認められますが、事業で得た収益は、さまざまな社会貢献活動に充てることになります。

このうち、「特定非営利活動法人」つまり「NPO法人」とは、特定非営利活動促進法にもとづき法人格を取得した法人です。

「特定非営利活動促進法」は、平成10年（1998年）12月に施行された法律で、通称「NPO法」と呼ばれています。この法律により、民間の非営利組織が法人格を取得し、社会のなかで活動を行なったり、組織として契約を結ぶことができるようになりました。

NPO法人の特徴と役割

NPO法人は、「民間」が行なう「非営利」で「公益」を目的とする法人です。ボランティアなどは任意団体でもできますが、法人格を取ることで、社会的な認知を得るにも有効ですし、不動産なども法人名義とすることができます。

NPO法人は、福祉、教育・文化、まちづくり、環境、国際協力などの広い分野で、社会の多様化したニーズに応える重要な役割を果たすことが期待されています。

ここで「非営利」とは、収益を上げてはいけないという意味ではありません。事業を通じて得た利益は、構成員に分配することはできない、ということです。利益は、組織の活動費・運営費として利用しなければなりません。

2章 NPO法人のメリット・デメリット

　われわれの生活する社会には、高齢者問題や地方の過疎化、少子化問題等たくさんの課題があります。これらを解決するには、国、地方自治体、企業、市民が協力しながら活動していかなければなりません。しかし、行政の財政も厳しく、収益性の低い事業に企業が積極的に関与するのは難しい現状もあります。
　このような状況のなかで、近年注目されているのが「**社会起業**」といわれる事業モデルです。社会に貢献するという意味では、営利目的の企業でも貢献しているといえますが、ビジネスの手法で事業性を確保し社会的課題を解決するという、**志と事業の両立**を実現できるモデルとして社会起業という言葉が広まっています。

　これまで社会の課題というのは、政府や企業が中心となりサービスを提供して対応してきました。しかし、いまの政府が提供しているサービスでは、課題が解決されなくて困っているという人もたくさんいます。国や地方自治体が提供する均質的なサービスではカバーしきれず、企業においては、マーケットが小さく、利益が少ないためにサービスが十分でない、または持続していくのが難しいためと考えられます。
　ＮＰＯ法人は、こうした社会問題の解決に対し、大きな役割が期待されており、ＮＰＯ法人に関しては内閣府のホームページによると、平成10年（1998年）12月1日から平成24年（2012年）3月31日までの累計で、全国で約45,000のＮＰＯ法人が認証されていました。
　ちなみに、各地方自治体で平成28年（2016年）8月31日現在に認証されているＮＰＯ法人の数については、24、25ページの表を参照してください。

◎NPO法人の認証数◎

所轄庁名	申請受理数（含申請中）	認証法人数	不認証数	解散数	（うち認証取消数）
北海道	1,179	1,169	0	296	76
青森県	412	409	0	99	6
岩手県	487	482	0	103	6
宮城県	393	390	0	117	3
秋田県	341	341	0	63	9
山形県	435	433	1	68	3
福島県	896	887	1	110	4
茨城県	805	797	0	171	32
栃木県	631	619	0	112	2
群馬県	871	857	1	201	55
埼玉県	1,732	1,714	3	410	34
千葉県	1,668	1,646	2	515	204
東京都	10,493	9,478	768	2,846	1,055
神奈川県	1,477	1,477	1	518	99
新潟県	451	448	2	97	10
富山県	359	357	0	55	0
石川県	362	356	1	87	9
福井県	245	245	0	67	0
山梨県	462	459	1	54	0
長野県	996	987	0	219	24
岐阜県	786	778	2	149	4
静岡県	703	696	1	183	33
愛知県	1,115	1,103	0	288	33
三重県	717	709	2	214	37

(2016年8月31日現在)

所轄庁名	申請受理数（含申請中）	認証法人数	不認証数	解散数	（うち認証取消数）
滋賀県	605	602	1	151	46
京都府	532	528	0	155	16
大阪府	1,744	1,723	4	649	107
兵庫県	1,431	1,412	3	393	51
奈良県	542	537	0	84	13
和歌山県	387	383	1	91	0
鳥取県	279	279	0	33	0
島根県	280	279	0	55	0
岡山県	479	471	1	115	18
広島県	487	478	3	151	13
山口県	436	433	1	109	24
徳島県	350	346	0	41	0
香川県	385	377	2	70	3
愛媛県	456	449	0	89	2
高知県	325	324	0	63	0
福岡県	872	843	1	315	67
佐賀県	378	376	1	75	4
長崎県	490	482	0	145	16
熊本県	417	411	2	115	4
大分県	507	505	1	167	60
宮崎県	429	426	0	105	42
鹿児島県	879	875	0	198	25
沖縄県	574	572	0	144	39
都道府県計	41,280	39,948	807	10,555	2,288

2章 NPO法人のメリット・デメリット

2-2
NPO法人にはどんなメリットがあるか

　NPO法人には、次ページ図のようなメリットがあります。それぞれについてみていきましょう。

①社会的信用の増加

　社会活動を行なう場合に考慮しなければならないのが、対外的な信用です。第三者からみて任意団体や個人では、財政状況や経営状況が把握しにくくなっており、取引先・提携先に対しても信用度が低くなります。

　それに対しNPO法人は、定款や登記簿謄本などによって個人と法人の会計が明確に区分されており、所轄庁へ毎年、決算書類の提出が求められているので、**財務面・活動面ともに透明性が高い**といえます。

　さらに、社会的信用が高いため、任意団体や個人事業よりも採用の面でも有利といえ、優秀な人材を集めやすいというメリットがあります。

②団体名による契約や登記が可能

　任意団体の場合、団体名では契約も登記もできません。その結果、団体名で事務所を借りられなかったり、銀行口座がつくれなかったり、電話などの公共料金の契約ができないため、契約は代表者個人名で行なうことになります。その場合、何らかの事情で代表者が代わるたびに、その変更をしなければならず、非常に手間がかかります。

　また、任意団体の場合だと、団体で損害賠償や債務不履行（未払い等）などのさまざまな問題が発生したときには、責任はすべて名

◎NPO法人にすることのメリット◎

① 社会的信用の増加
② 団体名による契約や登記が可能
③ 組織を永続的に維持できる
④ 経費の認められる範囲が広い
⑤ 官公署から事業委託・補助金を受けやすい
⑥ 金融機関からの融資も可能
⑦ 税金面で有利に

義を貸した個人の責任となってしまいます。

しかし、法人格を取得すると、法人として行なった活動によって発生した損害は、原則として法人が賠償することになります。

また、団体名で銀行口座がつくれたり、不動産の所有など、法人名で財産を所有することができるので、**お金のトラブルを防ぐこと**にもつながります。法人口座にすることで、個人が団体の資金を勝手に流用することも防ぎやすくなります。

③組織を永続的に維持できる

任意団体では、代表者が管理している財産は法律上、代表者個人のものとなってしまうので、代表者本人が死亡すると、その任意団体の財産はすべて代表者に関する相続の対象となり、本来の持ち主である任意団体には帰属しません。

しかし、NPO法人であれば、代表者は理事長でも、すべての財産は法人に属するため、万一、代表者である理事長が死亡しても他の理事を代表に選任すれば問題はありません。

④経費の認められる範囲が広い

任意団体や個人事業の場合は、税務申告をする際に、必要経費と

して認められないというケースがよくあります。これは、費用処理した支出のどこまでが個人のもので、どこまでが事業用（団体用）のものなのかがハッキリとわからないためです。

ところが、ＮＰＯ法人の場合には、個人の支出とＮＰＯ法人としての支出が明確に区分されるため、任意団体や個人事業では認められない経費でも認められることになります。

たとえば、自宅を事業所にすると、一定の条件のもとで住宅費（家賃）や光熱費は経費で落とすことができるようになります。

また、自動車を個人事業主が事業用として購入した場合、特別の事由がない限り全額を経費として認められることはありませんが、ＮＰＯ法人だと、全額経費として認められます。

さらに、個人事業では代表者の退職金は経費として認められませんが、ＮＰＯ法人では理事長等役員の退職金まで経費として認められているのです。

⑤官公署から事業委託・補助金を受けやすい

通常は、行政からの事業の委託や補助金は、責任の所在を明確にするために、対象者を法人に限定しています。

ちなみに、内閣府が平成23年（2011年）に行なったＮＰＯ制度の

◎ＮＰＯ法人の地方公共団体の利用割合◎

		法人数	割合
1	地方公共団体から補助金・助成金を受けている	673	28.7%
2	地方公共団体から事業を委託されている	603	25.7%
3	地方公共団体が独自に設けた登録制度の登録（市民活動）団体となっている	241	10.3%
4	地方公共団体から施設の提供を受けている	199	8.5%

※内閣府「平成22年度特定非営利活動法人の実態及び認定特定非営利活動法人制度の利用状況に関する調査」より

利用状況等に関するアンケート調査によると、ＮＰＯ法人と地方公共団体との関係は前ページ表のようになっています（回答・有効法人数は2,345法人）。

⑥金融機関からの融資も可能

ＮＰＯ法人向けの金融機関融資も行なわれはじめています。融資により、個人では不可能な資金量を調達できるようになります。

⑦税金面で有利に

任意団体や個人事業の場合、売上による収入は所得税の課税対象となり、累進課税なので所得の額（売上から原価や経費を差し引いた額）が高くなればなるほど税率もアップします。

一方、ＮＰＯ法人の場合、収益事業をしない団体であれば、税金の減免申請を毎年行なえば税金はまったくかからないので、会費や寄附金を中心に事業を運営している場合には、税金面では有利といえます。

2-3 NPO法人にはこんなデメリットがある

　NPO法人には、次ページ図のようなデメリットがあります。それぞれについてみていきましょう。

①事務手続きが煩雑

　NPO法人の会計は、法律により定められた会計の原則に従って行なう必要があります。その原則とは次のとおりです。

> ①会計は、正規の簿記の原則に従って正しく記帳すること
> ②財産目録・貸借対照表・活動計算書は、会計のルールにもとづいて収支・財産状態に関する真実な内容を明瞭に表示したものとすること
> ③採用する会計処理の基準・手続きは、毎事業年度継続して適用し、みだりに変更しないこと

　また、毎事業年度終了後3か月以内に、次の書類を作成し、所轄庁へ提出する必要があります。これらの書類は、利害関係人からの請求があった場合、公開しなければいけません。

> ①事業報告書
> ②財産目録
> ③貸借対照表
> ④活動計算書
> ⑤役員名簿
> ⑥10人以上の社員の氏名・住所を記載した書面

◎NPO法人にすることのデメリット◎

① 事務手続きが煩雑
② 設立時に最低10人以上の社員が必要
③ 解散しても残余財産は戻ってこない
④ 設立に時間がかかる

さらにNPO法人は、次の事項にかかる定款の変更を行なう場合、所轄庁の認証を受けなければなりません。

① 目　的
② 名　称
③ 特定非営利活動の種類・事業の種類
④ 主たる事務所・その他の事務所の所在地（一部例外あり）
⑤ 社員の資格の得喪に関する事項
⑥ 役員に関する事項　　など

②設立時に最低10人以上の社員が必要

ここでいう「社員」とは一般的に使われている従業員のことではなく、株式会社でいう発起人のような存在の人をいいます。株式会社なら1人、一般社団法人でも2人から設立できることを考えると、NPO法人は人を集めるのが大変といえます。

③解散しても残余財産は戻ってこない

NPO法人が、その設立の目的を達成したり、運営が厳しくなり解散をする場合、残余財産は、合併および破産手続き開始の決定による解散の場合を除き、**所轄庁に対する清算結了の届出のときにおいて、定款で定めるところにより、その帰属すべき者に帰属します。**

定款に残余財産の帰属すべき者に関する規定がないときは、清算人は、所轄庁の認証を得て、その財産を国または地方公共団体に譲渡することができますが、社員や理事の元には戻ってきません。

④設立に時間がかかる

　NPO法人は、株式会社や一般社団法人と比べると、設立手続きに非常に多くの時間がかかります。

　株式会社や一般社団法人の場合は、平均的に、必要な書類などが集まれば公証役場での認証から登記申請までおよそ1週間、そして登記が完了し、登記簿謄本や印鑑証明書が取得できるまでさらに1週間ほどでできますが、NPO法人の場合は、手続きがすべて終了するのに約半年かかってしまいます。提出書類が多いことや認証申請から2か月間の縦覧期間があるので、事業をスムーズに開始することはできないといえます。

　なお、「縦覧」とは、NPO法人が適正に運用されるために、NPO法人に関する情報を誰でも見られるようにすることをいいます。

2-4

NPO法改正の
ポイントはこれだ

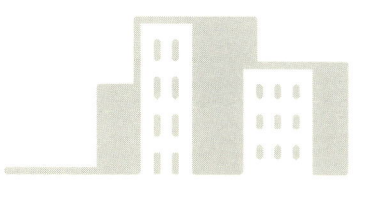

　平成23年（2011年）6月に「特定非営利活動促進法（NPO法）の一部を改正する法律」が成立し、平成24年（2012年）4月1日から施行されています。

　その主な改正内容は下図のとおりですが、改正のポイントについてみていくことにしましょう。

◎平成24年4月1日施行のNPO法改正の主な内容◎

①活動分野が従来の17から20に増えた
②所轄庁の管轄が変わった
③縦覧期間中の補正が可能になった
④社員総会の決議の省略が可能に
⑤理事の代表権の制限が第三者に対抗できるようになった
⑥届出のみで足りる定款変更事項が拡大された
⑦解散公告が簡素化された
⑧未登記法人の認証の取消しの規定化
⑨会計の明確化
⑩他県に従たる事務所を置く手続きが簡単になった
⑪認定NPO法人の制度が変わった
⑫理事の登記が代表権のある者のみになった
⑬その他、提出する書類の名称等が変わった

①活動分野が従来の17から20に増えた

従来は17であった活動分野が、今回の法改正により20に増えました。追加となった活動分野は次の3つです（すべての活動内容については38ページ参照）。

- 観光の振興を図る活動
- 農山漁村または中山間地域の振興を図る活動
- 法第2条別表各号に掲げる活動に準ずる活動として都道府県または指定都市が条例で定める活動

②所轄庁の管轄が変わった

所轄庁とは、特定非営利活動法人（NPO法人）の認証権および監督権をもつ行政機関を指します。

2以上の都道府県に事務所を置く法人については、従来は内閣府による認証が必要でしたが、改正後は**主たる事務所の所在地の都道府県**が認証を行なうことになります。また、1つの政令指定都市の区域にのみ事務所を置く法人については、都道府県認証から**政令指定都市認証**へと変更になりました。

③縦覧期間中の補正が可能になった

申請書などにおいて、内容の同一性には影響を与えない明らかな誤字・脱字などは縦覧期間中でも補正が可能になりました。

改正前は、いったん縦覧に入ってしまうと軽微な補正もできず、申請前に相当入念なチェックをすることが必要でしたが、改正後は軽微な修正については、柔軟な運用がなされるわけです。

④社員総会の決議の省略が可能に

社員全員が書面または電磁的記録により同意の意思表示を行なっ

た場合は、その同意を社員総会の決議に替えることが可能になりました。全国各地に社員が散らばっているなどの場合には、社員総会の運用が簡素化されます。

⑤理事の代表権の制限が第三者に対抗できるようになった

従来は、ＮＰＯ法人の理事全員に代表権があったので、定款で代表権をもつ者を１人と定めていても、善意の第三者には対抗できませんでした。

今回の法改正では、**定款で理事のうち１人を代表者として定めた場合**、その旨の登記が可能になりました。

⑥届出のみで足りる定款変更事項が拡大された

原則として、定款変更は再度所轄庁の認証を受けなければなりませんが、今回の法改正では、認証が不要となる項目が増えました。認証不要項目は、４つ追加されて次の７項目となりました。

- 事務所の所在地
- 役員定数（追加）
- 資産に関する事項
- 会計に関する事項（追加）
- 事業年度（追加）
- 解散に関する事項（残余財産に帰属すべきものにかかるもの以外）（追加）
- 公告の方法

⑦解散公告が簡素化された

ＮＰＯ法人を解散した場合、解散公告は、２か月以上にわたって３回行なわなければなりませんでしたが、改正後は１回でよくなったので、公告にかかるコストや手間が減ることになります。

⑧未登記法人の認証の取消しの規定化

設立の認証を受けたものが認証日から6か月を経過しても設立登記をしないときは、所轄庁はその認証を取り消すことができるようになりました。

⑨会計の明確化

NPO法人が作成すべき会計書類のうち、「収支計算書」は「**活動計算書**」に変更になりました。これは、活動にかかる事業の実績を表示するための書類になります。

⑩他県に従たる事務所を置く手続きが簡単になった

従来は、他県に従たる事務所を設置するときは内閣府の認証が必要となり、多くの書類を提出し直す必要がありました。しかし今回の改正で、現在の所轄庁のまま、届出のみで他県への従たる事務所設置が可能となりました。

⑪認定NPO法人の制度が変わった

詳しくは後述しますが、従来の国税庁による認定制度から都道府県および指定都市による認定制度に変更になりました。また、「**仮認定制度**」が新設され、設立後5年以内の法人は、1回に限り一部基準を免除した仮認定（有効期間3年）の申請ができます。

⑫理事の登記が、代表権のある者(理事長等)のみになった

従来は、理事は、定款をもってその代表権を制限する定めがあっても、善意の第三者に対抗できないとされていたため、理事全員を「代表権を有する者」として登記をしなければならないとされていました。

しかし、今回の改正によって、理事の代表権に加えた制限を善意の第三者に対抗することができないとする旨の規定が削除され、「代

表権の範囲または制限に関する定めがあるときは、その定め」が登記事項とされ、平成24年（2012年）4月1日以後は、法人の理事のなかで「代表権を有する理事」のみが登記事項となりました。

(※)　平成24年4月1日時点において、定款に、「理事長は、この法人を代表し、その業務を総理する」など、特定の理事のみが法人を代表することを定めている場合には、代表権を有する理事以外の代表権を制限された理事について、「平成24年4月1日代表権喪失」を原因とする変更登記をしなければなりません。

⑬その他、提出する書類の名称等が変わった

　前述したように、平成24年（2012年）4月以降に終了する事業年度から、収支計算書に代わり活動予算書を提出することになりました。また、定款変更について、届出のみで足りる事項が増えました。その他、所轄庁へ提出する書類の様式や添付の要否などが一部変更されています。

2-5
NPO法人を設立するには条件がある

15の設立要件を満たすことが必要

　NPO法にもとづく法人格を取得することが可能な団体とは、「特定非営利活動」を行なうことを主な目的とするほか、以下の15の要件を満たす団体のことをいいます。

①特定非営利活動を行なうことを主な目的とすること
　NPO法人を設立するには、まず団体の活動目的が、前述した改正NPO法で追加になった3分野を含めた次の20分野の非営利事業の1つあるいは複数に当てはまる必要があります。
　ただし、あくまでも**主たる**活動が当てはまればよく、すべての活動が当てはまる必要はありません。

　1．保険、医療または福祉の増進を図る活動
　2．社会教育の推進を図る活動
　3．まちづくりの推進を図る活動
　4．観光の振興を図る活動（追加）
　5．農山漁村または中山間地域の振興を図る活動（追加）
　6．学術、文化、芸術またはスポーツの振興を図る活動
　7．環境の保全を図る活動
　8．災害救援活動
　9．地域安全活動
　10．人権の擁護または平和の推進を図る活動
　11．国際協力の活動
　12．男女共同参画社会の形成の促進を図る活動
　13．子どもの健全育成を図る活動

14. 情報化社会の発展を図る活動
15. 科学技術の振興を図る活動
16. 経済活動の活性化を図る活動
17. 職業能力の開発または雇用機会の拡充を支援する活動
18. 消費者の保護を図る活動
19. 前各号に掲げる活動を行なう団体の運営または活動に関する連絡、助言または援助の活動
20. 前各号に掲げる活動に準ずる活動として都道府県または指定都市が条例で定める活動（追加）

②宗教活動や政治活動を主目的にしないこと

③特定の公職の候補者もしくは公職にある者または政党を推薦、支持、反対することを目的としないこと

④営利を目的としないこと

　「非営利」とは、活動に伴い利益が生まれたとしても、構成員（役員・社員）に分配しないことをいいます。また、解散時にはその財産を国等に寄付することも必要です。

　寄付金・補助金・助成金などだけでは法人運営の基盤が弱くなってしまうので、特定非営利活動にかかる事業以外の事業（「その他の事業」といいます）として収益を上げることもできます。

　しかしその場合、収益を生じたときは、本来事業である特定非営利活動にかかる事業のために使用しなければなりません。

⑤特定の政党のために利用しないこと

⑥特定非営利活動にかかる事業に支障が生じるほど、その他の事業を行なわないこと。その他の事業による収益は、特定非営利活動

にかかる事業に充てること

⑦暴力団もしくはその構成員もしくは暴力団の構成員でなくなった日から５年を経過しない者の統制下にある団体でないこと

⑧社員（正会員など総会で議決権を有する者）の加入や脱退について、不当な条件をつけないこと

⑨10人以上の社員を有すること

　「社員」とは、総会で議決権を有する者（会員）のことです。職員や従業員のことではありません。社員は、個人または法人、人格のない社団（いわゆる任意団体）であればよく、国籍、住所地等の制限はありません。また、社員は役員（理事・監事）を兼ねることができます。

⑩報酬を受ける役員数が役員総数の３分の１以下であること

　「役員の報酬」とは、役員としての労働の対価のことです。役員が事務局職員などを兼務している場合に、これについての給与を受けることは可能です。また、会議に出席するための交通費などは報酬ではないので、受け取ることができます。

⑪役員として理事３人以上、監事１人以上を置くこと

　役員とは、理事および監事のことをいいます。理事は、社員や職員を兼ねることができます。監事は、社員を兼ねることはできますが、理事や職員を兼ねることはできません。

⑫役員は、成年被後見人または被保佐人など、ＮＰＯ法20条に規定する欠格事由に該当しないこと

　「欠格事由」に該当する者とは、次にあげる人をいいます。
●成年被後見人または被保佐人

- 破産者で復権を得ない者
- 禁錮以上の刑に処せられ、その執行を終わった日またはその執行を受けることがなくなった日から2年を経過しない者
- NPO法もしくは暴力団員による不当な行為の防止等に関する法律の規定に違反したことにより、または刑法の一定の罪もしくは暴力行為等処罰に関する法律の罪を犯したことにより、罰金の刑に処せられ、その執行を終わった日または執行を受けることがなくなった日から2年を経過しない者
- 暴力団または暴力団の構成員（暴力団の構成団体の構成員を含む）もしくは暴力団の構成員でなくなった日から5年を経過しない者
- NPO法人の設立の認証を取り消された特定非営利活動法人の解散当時の役員で、設立の認証を取り消された日から2年を経過しない者

⑬ **各役員について、その配偶者もしくは三親等以内の親族が2人以上いないこと。また、当該役員ならびにその配偶者および三親等以内の親族が、役員総数の3分の1を超えて含まれていないこと**

「親族」とは、ここでは三親等以内の親族をいいます。たとえば、役員総数が5名以下の場合は、配偶者・親族は1名も含めることはできません。役員総数が6名以上になった場合に、理事・監事についてそれぞれ1名だけ配偶者・親族を含めることができます。

つまり、夫婦がともに理事になるには、役員総数は6名以上が必要ということになります。

⑭ **理事または監事は、それぞれの定数の3分の2以上いること。設立当初の理事または監事は、それぞれの定数を満たしていること**

⑮ **会計は、NPO法27条に規定する会計の原則に従って行なうこと**

2-6 NPO法人の設立に必要な組織とは

理事、監事などの役員の選任が必要

　NPO法人では、社員または社員以外の者のなかから、「**理事**」「**監事**」などの**役員**を選任することになっています。

　なお、役員には、前述の設立要件⑫項（40ページ参照）であげた欠格事由に該当しないことが必要です。

　NPO法人の理事、監事、社員について定義しておくと次のようになります。

①理　事

　NPO法人の業務を執行する役員です。最低3人必要で、理事それぞれに代表権（NPO法人を代表して取引などを締結できる権限）があります。ただし、定款により代表権を制限することが可能で、理事は社員や職員を兼ねることができます。任期は2年以内で、定款に定める期間となります。

　NPO法人の代表者の呼び方（名称）は、多くの場合「理事長」ですが、「理事長」以外にも、「代表理事」「会長」といった呼び方にすることも可能です。

　NPO法人の代表者は、必ず理事のなかから選任しますが、代表者の呼び方については、法人の定款で「**理事長（または代表理事）は、この法人を代表し、業務を総理する**」というような形で規定します。

②監　事

　理事の業務執行や収支状況などを監督する立場の役員です。最低1人必要です。監事の任期も2年以内で、定款に定める期間です。

> **知っ得コラム**
>
> ## NPO法人の「理事会」とは
>
> 　理事会は、法定の機関ではありません。特定非営利活動促進法（NPO法）では、「NPO法人の業務は定款に定めのないときは理事の過半数で決する」としています。
> 　そのため、任意で理事会を設置し、社員総会と理事会で決議する内容を分けて定款に定めることが、実務上便利です。

監事は、社員を兼ねられますが、理事や職員を兼ねることはできません。

③社　員

　法人の目的に賛同して入会した個人および団体を社員といいます。法人も、社員になることができます。社員とは、NPO法人の構成員のことで、従業員のことではありません。また、議決権をもたない会員（賛助会員など）は社員ではありません。

知っ得コラム

こんなにある検定制度

　最近、お問い合わせをいただくなかで非常に多いのが、検定制度や認定制度などの資格事業についてです。特に、教育事業においては、インストラクター制度とも関連して加速度的に広まっているように感じます。なかにはかなりユニークなものもあるので、その一部を紹介させていただきます。

- 話しことば検定／アナウンス検定（NPO法人 日本話しことば協会主催）
- ネイリスト技能検定試験（一般財団法人 日本ネイリスト検定試験センター（JNE）主催）
- 薬学検定試験（薬検＝NPO法人 日本セルフケア支援薬剤師センター主催）
- 色彩検定（公益社団法人 色彩検定協会主催）
- 現代用語能力検定（現検＝NPO法人 現代用語検定協会主催）
- 世界遺産検定（NPO法人 世界遺産アカデミー主催）
- きもの文化検定（社団法人 全日本きもの振興会主催）
- 声優検定試験（NPO法人 日本声優検定協会主催）
- 定年力検定（一般社団法人 日本定年力検定協会）
- ニュース時事能力検定（NPO法人 日本ニュース時事能力検定協会主催）
- ワインエキスパート（社団法人 日本ソムリエ協会（JSA）主催）

　いかがですか？　検定制度や認定制度には、NPO法人や一般社団法人という法人形態が多いのが、おわかりになると思います。もし気になった検定などがありましたら、チャレンジしてみてはいかがでしょう。

3章

NPO法人の設立手続きのしかた

あなたが知りたいことは？

◎設立手続きはどんな順に行なうの？　⇒46ページ

◎認証申請で必要な書類は？　⇒51ページ

◎定款にはどんなことを記載するの？　⇒53ページ

◎定款のモデル例は？　⇒61ページ

◎登記申請の際に必要な書類は？　⇒84ページ

3-1
設立手続きの流れは こうなっている

　NPO法人を設立する際の流れをみていきましょう。

　設立の認証申請から登記完了の届出までの流れは、次ページ図のようになります。申請の前段階も含めて設立までの流れに沿ったポイントは以下のようになります。

「設立発起人会」を開催する

　まず、法人の設立メンバー（=発起人）が集まり、設立の趣旨、NPO法人の活動目的、そして役員や会費など、どのような法人にするのかを協議し、「設立趣旨書」「定款」「事業計画」「収支計画」などの原案を作成します。

　具体的に協議する内容は、以下のとおりです。

- 社員（正会員）を10名以上集める
- 役員（理事・監事）のメドをつけておく
- 設立代表者を決定する
- 法人名を決定する
- 法人設立の目的をまとめておく
- 事業内容・活動内容を決定する
- 主たる事務所（従たる事務所）の場所を決定する
- 会員の種類を考え、入会金・会費の額を決定する
- 事業年度を決定する
- 法人の運営方法を決定しておく
- 活動を行なうためにどれぐらいの資金が必要か計算する

◎設立の認証申請から登記完了の届出までの流れ◎

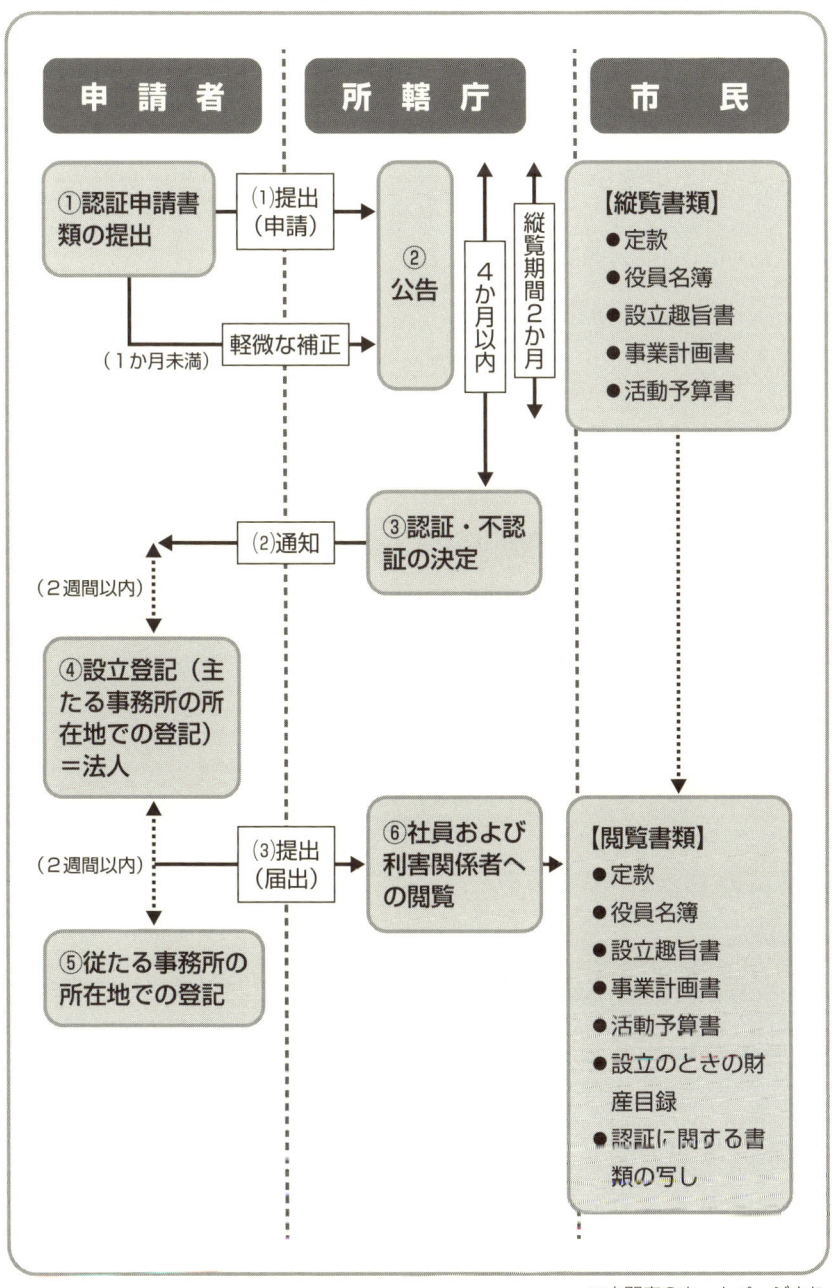

申請者

① 認証申請書類の提出
　└(1) 提出（申請）→
　└ 軽微な補正 →（1か月未満）

所轄庁

② 公告
③ 認証・不認証の決定
　←(2) 通知（2週間以内）

（4か月以内／縦覧期間2か月）

④ 設立登記（主たる事務所の所在地での登記）＝法人
　└(3) 提出（届出）→（2週間以内）

⑤ 従たる事務所の所在地での登記

⑥ 社員および利害関係者への閲覧

市民

【縦覧書類】
- 定款
- 役員名簿
- 設立趣旨書
- 事業計画書
- 活動予算書

【閲覧書類】
- 定款
- 役員名簿
- 設立趣旨書
- 事業計画書
- 活動予算書
- 設立のときの財産目録
- 認証に関する書類の写し

※内閣府のホームページより

第3章　NPO法人の設立手続きのしかた

「設立総会」を開催する

発起人会でどのような法人にするかが決まったら、設立当初の社員全員で設立総会を開催して法人設立の意思決定を行ない、発起人会で作成した定款等について決議します。

任意団体からNPO法人化する場合には、任意団体の財産等を新法人に承継することも確認しておきます。

申請書類を作成する

設立総会の決議が終わったら、役員の就任承諾書や宣誓書など、申請に必要な正式書類を作成します。必要な書類については後述します。

設立認証の申請を行なう

必要書類を作成したら、所轄庁へ**設立認証申請書類**を提出します。「認証」とは、ある行為が法令に適合しているのかどうかということを審査し確認をして、その判断結果を表示する行為のことをいいます。

なお、NPO法（特定非営利活動促進法）の改正により、平成24年（2012年）4月からは、「内閣府認証」のNPO法人は新規に設立できなくなり、すべての新規設立NPO法人は都道府県（または政令指定都市）の認証となります。

また、複数の都道府県に事務所を置く法人の所轄庁は、従来は内閣府でしたが、改正後は主たる事務所のある都道府県（または政令指定都市）に変わりました。

提出書類に不備があるときは、その不備が所轄庁の条例で定める軽微なもの、たとえば客観的に明白な誤字・脱字等である場合に限り、補正をすることができます（ただし、申請書を受理した日から1か月に満たない場合に限ります）。

もし、認証されず不認証になってしまった場合でも、不認証通知には**不認証の理由が記載されている**ので、その部分を直せば、再申請は可能です。

しかし、再申請する場合には、最初から審査のやり直しになるので、初めに申請したときと同じくらいの日数がかかってしまいます。

認証申請に必要な書類は、以下のとおりです。

①設立認証申請書
②定　款
③役員名簿（役員の氏名・住所または居所・各役員についての報酬の有無を記載した名簿）
④各役員の就任承諾および誓約書の謄本
⑤各役員の住所または居所を証する書面（住民票の写し、外国人登録原票記載事項証明書など）
⑥社員のうち10人以上の者の名簿
⑦確認書（宗教・政治・選挙活動を目的とする団体、暴力団等の統制下にある団体でないことの確認書）
⑧設立趣旨書
⑨設立についての意思の決定を証する議事録
⑩設立当初の事業年度および翌事業年度の事業計画書
⑪設立当初の事業年度および翌事業年度の活動予算書

なお、平成24年（2012年）のＮＰＯ法改正により、従来の「収支計算書」が「活動計算書」（活動にかかる事業の実績を表示するもの）に変更になりました。

公告・縦覧と所轄庁による審査を受ける

申請書類のうち一部（上記書類の②③⑧⑩⑪）は、2か月間、一般に縦覧（提出された書類を一般に公開すること）されます。

そして縦覧後、2か月以内に、所轄庁による審査が行なわれ、認

証・不認証が決定されます。

不認証の場合は前述したように、修正して再申請することは可能ですが、再度、縦覧と審査を受けなければなりません。

登記の申請を行なう

NPO法人は、登記して初めて法人として成立します。認証書が到達した日から2週間以内に、事務所所在地を管轄する法務局に行って、登記手続きを行ないます。

なお、株式会社や一般社団法人等と同様に、**登記を申請した日がNPO法人の設立日**になるので、法務局が休みである土・日曜、祝日はNPO法人の設立日とはできないので注意が必要です。

各種の届出書を提出する

主たる事務所の所在地で設立登記が完了したら、遅滞なく所轄庁に「**設立登記完了届**」を提出しなければなりません。

なお、従たる事務所がある場合は、主たる事務所での登記日後2週間以内に、従たる事務所の所在地での設立登記を完了させる必要があります。

3-2 所轄庁への認証申請にはどんな書類が必要か

　NPO法人を設立する際の認証申請に必要となる書類は前述しましたが、必要部数とともに再掲すると下表のとおりです。

提　出　書　類	部数
①設立認証申請書	1部
②定　款	2部
③役員名簿及び役員のうち報酬を受ける者の名簿	2部
④各役員の就任承諾書及び宣誓書の写し	1部
⑤役員の住所及び居所を証する書面（住民票）	1部
⑥社員のうち10名以上の者の名簿	1部
⑦確認書	1部
⑧設立趣旨書	2部
⑨設立認証申請書についての意思決定を証する議事録の写し	1部
⑩設立当初の事業年度および翌事業年度の事業計画書	2部
⑪設立当初の事業年度および翌事業年度の活動予算書	2部

※申請する所轄庁により異なることがあります。

　上記のうち、特に「定款」「設立趣旨書」「事業計画書」「活動予算書」の4つについては、慎重かつ正確に作成する必要があります。
　では、それぞれの書類の作成ポイントについて順にみていきましょう。

①設立認証申請書

　設立認証申請書（次ページ参照）は、各所轄庁の所定どおりに作成しなければなりません（所轄庁によって内容が異なります）。こ

◎「設立認証申請書」の記載例◎

第1号様式（第2条関係）

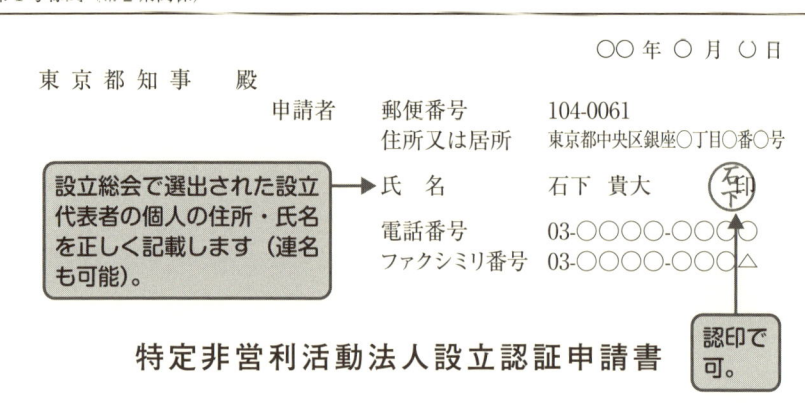

○○年○月○日

東京都知事　殿

申請者　郵便番号　　104-0061
　　　　住所又は居所　東京都中央区銀座○丁目○番○号
　　　　氏　名　　　　石下　貴大　　㊞
　　　　電話番号　　　03-○○○○-○○○○
　　　　ファクシミリ番号　03-○○○○-○○○△

> 設立総会で選出された設立代表者の個人の住所・氏名を正しく記載します（連名も可能）。

> 認印で可。

特定非営利活動法人設立認証申請書

　特定非営利活動促進法第10条第1項の規定により、下記のとおり特定非営利活動法人を設立することについて認証を受けたいので、申請します。

記

1	（フリガナ） 特定非営利活動法人の名称	トクテイヒエイリカツドウホウジンカンキョウビジネスシンコウカイ 特定非営利活動法人環境ビジネス振興会
2	（フリガナ） 特定非営利活動法人の代表者の氏名	イシ　ゲ　タカ　ヒロ 石　下　貴　大
3	主たる事務所の所在地	郵便番号　　104-0061　東京都中央区銀座○丁目○番○号 電話番号 03(○○○○)○○○○　ファクシミリ番号 03(○○○○)○○○△
4	その他の事務所の所在地	郵便番号　○○○-○○○○　○○県○○市○○○○○ 電話番号 ○○○(○○○)○○○○　ファクシミリ番号 ○○○(○○○)○○○○
5	定款に記載された目的	この法人は、現在及び未来の世代に対しよりよい環境を守るため、環境改善のための諸活動や環境保護活動、自然保護の普及啓発に関する事業を通じて、地域の生活環境と自然環境の改善に努めることで、人と自然の調和がとれた持続可能な社会づくりに寄与することを目的とする。

> 定款の記載と完全に一致させます。

のうち、「法人の名称」と「定款に記載された目的」については、定款に記載した内容と完全に一致させなければなりません。

「申請者」は、原則として設立代表者になります。

申請日に関わらず、所轄庁が申請書を現実に受領した日が受理日となります。

事務所の所在地は、定款上は最小行政区画で記載している場合でも、必ず地番まで、省略なしで記載する必要があります。

②定款

NPO法人は、定款で定めた目的の範囲内で権利を有し義務を負います。

定款は、当該法人の目的、組織、業務執行等に関する基本規則（ルール）を記載したもので、法人内部の規範として役員、社員、機関（総会・理事会）および法人の構成員全員を拘束します。

設立後の運営に合わせた定款を作成するか否かで、その後の活動展開に大きな支障が生じてしまう可能性もあるので注意が必要です。

設立認証申請時には、**所轄庁から大変厳しいチェックが入る**ので、設立手続きでは、この定款の作成が最大の山場といえます。

定款の変更はいつでも可能ですが、再度、所轄庁からの認証を受けなければならないので（軽微な事項を除く）、定款変更手続きには新規設立時と同様に、多くの時間と労力がかかってしまいます。

定款のモデル例を61～71ページにあげておきましたが、定款の記載事項には、次の3つがあります。

(1) **絶対的記載事項**…必ず記載しなくてはいけない事項
(2) **相対的記載事項**…記載がなくても定款の効力には関係はないが、記載がなければ効力が生じない事項
(3) **任意的記載事項**…記載がなくても定款の効力には関係がなく、団体において任意に記載できる事項

絶対的記載事項

【目　的】

　受益対象者の範囲、主な事業、法人の事業活動によって社会にどのような利益になるか、法人の最終目標等を明らかにします。

　専門用語や一般的でない表現等は平易な表現に置き換えたり、専門用語の後にカッコ書きで解説を加えるなどして誰にでもわかるように記載します。

　会員などの構成員相互の利益を目的とした活動は、不特定かつ多数の者の利益を目的とする特定非営利活動とは認められないので注意が必要です。

【名　称】

　国や自治体の機関等と誤認するおそれのある名称、特定の個人や企業等団体の名称を用いることはできません。また、学校法人や社会福祉法人のように、他の法律で使用が禁止されている名称もあります。

　なお、登記上、名称に使用できない文字や記号もあるので注意してください。アルファベットを使用する場合は、登記名も併記します。略称がある場合は、それも記載します。その場合、定款には次のように記載します

　　　また、英文名を□□□□といい、略称を○○会とする。

◎日本語（漢字、カタカナ、ひらがな）以外に使える符号一覧◎

- ●ローマ字（大文字および小文字）　●アラビヤ数字
- ●「&」（アンバサンド）　●「'」（アポストロフィー）
- ●「,」（コンマ）　●「-」（ハイフン）
- ●「.」（ピリオド）　●「・」（中点）

なお、これらの符号は、字句（日本文字を含む）を区切る際の符号として使用する場合に限り用いることができます。したがって、名称の先頭または末尾に用いることはできません。ただし「.」（ピリオド）については、省略を表わすものとして名称の末尾に用いることもできます。

【その法人が行なう特定非営利活動の種類および当該特定非営利活動に係る事業の種類】

NPO法2条1項の別表に定められた20分野（38ページ参照）のいずれかを記載します。複数の分野の活動を行なう場合は、そのすべてを記載します。将来的に活動する予定のものについても、記載しておくほうがよいでしょう。

【主たる事務所およびその他の事務所の所在地】

活動の中心とするとするところを「主たる事務所」とし、それ以外の事務所をその他の事務所として、そのすべてを記載します（他の都道府県または海外に従たる事務所がある場合も含まれます）。

なお、その他の事務所がある場合は、定款には以下のように表記します。

2　この法人は、その他の事務所を○○県××市△△町×番×号に置く。

【会員に関する事項】

会員の「**種別**」（正会員、賛助会員等）については、何種類あってもかまいません。どんな種類や名称であっても、社員となることは可能です。ただし、法律上の社員にあたる会員については、入会に制限を付けることは原則としてできないので注意が必要です。そして、以下の事項についても、あらかじめ決めておきます。

- 入会金及び会費
- 会員の資格の喪失…どのようなときに社員（会員）の資格が失われるのか、あらかじめ定めておかなければいけません。
- 退　会…入会だけでなく、退会も自由にできるようにしなければなりません。
- 除　名…どのようなときに除名されるのか、どのような手続きで除名が行なわれるのかを、あらかじめ定めておかなければいけません。

【役員に関する事項】

　役員とは、**理事**と**監事**のことです。理事は3人以上、監事は1人以上、必要になります。

　役員の人数も定めますが、不測の事態で1人でも欠けたときには、定款に違反することになってしまうので、**人数には幅をもたせる**こともできます。なお、理事および監事が6人以上の場合に限り、配偶者もしくは三親等以内の親族を1人、役員に加えることができます。

　役員の選任方法、職務、任期（任期は2年以内であれば、1年でも1年半でもかまいません。また、任期を終えてから再選されれば、何期でも続けることができます）、解任、欠員が出たときの補充方法、報酬（役員報酬をもらえる役員数は、総役員の3分の1を超えてはいけません）についても、定款に記載しておきます。

　代表者（理事長等）を選任しない場合は、理事全員が代表権をもつことになります。なお従来は、定款で代表権をもつ者を1人と定めていても、善意の第三者には対抗できませんでしたが、NPO法の改正により、定款で理事のうち1人を代表者として定めた場合は、その旨の登記が可能になりました。

【総会および理事会】

　法人の決めるべき主要事項を、総会と理事会に振り分け、それぞ

れの議決事項を定款に記載します。主要事項には、以下のようなものがあります。

- 事業計画、収支予算の決定
- 事業計画、収支予算の変更
- 事業報告、収支決算の承認
- 役員の選任、解任
- 役員の職務、報酬
- 会員の種類、入会金・会費の額
- 借入金の決定
- 事務局の組織運営
- 職員の職務、報酬
- 定款の変更
- 解　散
- 合　併

　なお、定款の変更、解散・合併については、必ず総会で議決しなければなりません。
　総会を重視する場合は、社員全員で時間をかけて重要事項を決定する、より民主的な運営を、一方、理事会を重視する場合は、運営の機動性を重視していると考えられます。

【会議に関する事項】
　定款には、通常総会や臨時総会についても記載します。通常総会は、少なくとも年に1回以上、開催することを明記します。総会の招集、臨時総会の開催条件、議長、定足数、議決権、委任の方法、議事録の作成義務等についても記載します。理事会についても同様です。

【資産に関する事項】
　資産構成やその管理について、定款に記載しなければいけません。

【会計に関する事項】
　会計処理の原則や、事業計画、予算、事業報告、決算について、定款に定めておきます。

【事業年度】
　定款には、「この法人の事業年度は、毎年○月○日に始まり○月○日に終わる」というように、事業年度を具体的に定めておきます。

【解散に関する事項】
　ＮＰＯ法人の解散事由について、定款に記載しておきます。また、残余財産の扱いについても記載が必要です。なお、残余財産を譲渡できる相手は、ＮＰＯ法で下記の者に規定されています。

> ①他の特定非営利活動法人　　②国　　③地方公共団体
> ④公益社団法人　　⑤公益財団法人　　⑥学校法人
> ⑦社会福祉法人　　⑧更生保護法人

　残余財産の帰属先を定めない場合、または帰属先が明確でない場合は、国または地方公共団体に譲渡されるか、国庫に帰属されることになります。

【定款の変更に関する事項】
　所轄庁の認証を必要とする定款の変更方法についても、定款に定めておきます。

【公告の方法】
　「公告」とは、第三者の権利を保護するため、第三者の権利を侵

害するおそれのある事項について、広く一般の人に知らせることをいいますが、この公告の方法について、定款に記載します。なお、以下の場合については、官報に掲載することが必須です。
①解散した場合に清算人が債権者に対して行なう公告
②清算人が清算法人について破産手続き開始の申立てを行なった旨の公告

【その他の事業を行なう場合には、その種類その他当該その他の事業に関する事項】
　ＮＰＯ法人の主たる目的ではない営利事業を行なう場合は、事業の種類やその事業に関する事項を定款に記載します。

　さらに、ＮＰＯ法の規定により、次の4項目も絶対的記載事項です。
- 役員の任期
- 定款の変更
- 総会の招集方法
- 設立当初の役員

相対的記載事項
- 理事の代表権の制限
- 法人の業務を理事の過半数による議決ではなく、異なる定めによることとする場合
- 定款で役員を社員総会で選任するとしている場合において、後任の役員が選任されていないときに限り、定款で定められた任期の末日後、最初の社員総会が終結するまでその任期を伸長することの定めをおく場合
- 定款変更に関する議決要件を変更する場合
- 社員による臨時総会の開催請求に必要な社員数
- 理事等に委任される法人の事務

- 総会の決議事項の事前通知原則の例外規定をおく場合
- 各社員の表決権平等について異なる定めをおく場合
- 総会に出席しない社員の書面表決、代理人出席権限について異なる定めをおく場合
- NPO法で定めた以外の解散事由の定めをおく場合
- 解散時の残余財産の帰属先
- 合併に関する決議要件を変更する場合
- 解散に関する決議要件を変更する場合

任意的記載事項

- 社員以外の会員に関する規定
- 役員の種類、職務、報酬、選任
- 会議の種別、構成、議長、定足数、議決、議事録等
- 財産の構成、財産の管理、事業計画、予算、会計年度等
- 残余財産の処分
- 事務局の設置、備付け帳簿および書類について

◎「定款」のモデル例◎

特定非営利活動法人環境ビジネス振興会定款

第1章 総則

> 「NPO法人○○○」とすることも可能です。

(名 称)
第1条 この法人は、特定非営利活動法人環境ビジネス振興会という。

(事務所)
第2条 この法人は、主たる事務所を東京都中央区銀座○丁目○番○号に置く。
2 この法人は、前項のほか、その他の事務所を栃木県宇都宮市××○丁目○番○号に置く。

> 54ページの記載ポイントを参照。

(目 的)
第3条 この法人は、現在及び未来の世代に対しよりよい環境を守るため、環境改善のための諸活動や環境保護活動、自然保護の普及啓発に関する事業を通じて、地域の生活環境と自然環境の改善に努めることで、人と自然の調和がとれた持続可能な社会づくりに寄与することを目的とする。

(特定非営利活動の種類)
第4条 この法人は前条の目的を達成するため、次の種類の特定非営利活動を行なう。
 (1) 社会教育の推進を図る活動
 (2) 環境の保全を図る活動
 (3) 子どもの健全育成を図る活動
 (4) 前各号に掲げる活動を行なう団体の運営又は活動に関する連絡、助言又は援助の活動

(事業の種類)
第5条 この法人は、第3条の目的を達成するため、特定非営利活動に係る事業として、次の事業を行なう。
 (1) 環境保全の啓蒙にかかるセミナー及びイベント事業
 (2) 地域や学校での講演会や見学会の開催による環境教育事業
 (3) リサイクル製品の普及活動
 (4) その他目的を達成するために必要な事業
2 この法人は、次のその他の事業を行なう。

> 「特定非営利活動に係る事業」と「その他の事業」の内容を明確に分けます。

(1) 物品の販売事業
(2) 広告代理店事業

第2章　会員

(種別)
第6条　この法人の会員は、次の2種とし、正会員をもって特定非営利活動促進法（以下「法」という）上の社員とする。
(1) 正会員　　この法人の目的に賛同して入会した個人及び団体
(2) 賛助会員　この法人の目的に賛同し賛助するために入会した個人及び団体

> 正会員以外は任意的記載事項です。

(入会)
第7条　会員の入会について、特に条件は定めない。
2　会員として入会しようとする者は、理事長が別に定める入会申込書により、理事長に申し込むものとする。
3　理事長は、前項の申込みがあったとき、正当な理由がない限り、入会を認めなければならない。
4　理事長は、第2項の者の入会を認めないときは、速やかに、理由を付した書面をもって本人にその旨を通知しなければならない。

(入会金及び会費)
第8条　会員は、総会において別に定める入会金及び会費を納入しなければならない。

(会員の資格の喪失)
第9条　会員が次の各号の一に該当する場合には、その資格を喪失する。
(1) 退会届の提出をしたとき。
(2) 本人が死亡し、もしくは失そう宣告を受け、又は会員である団体が消滅したとき。
(3) 継続して1年以上会費を滞納したとき。
(4) 除名されたとき。

(退会)
第10条　会員は、理事長が別に定める退会届を理事長に提出して、任意に退会することができる。

(除名)
第11条　会員が次の各号の一に該当する場合には、総会の議決により、これを除名することができる。
(1) この定款に違反したとき

(2)　この法人の名誉を傷つけ、又は目的に反する行為をしたとき
2　前項の規定により会員を除名しようとする場合は、議決の前に当該会員に弁明の機会を与えなければならない。

第3章　役　員

(種別及び定数)
第12条　この法人に、次の役員を置く。
　(1)　理事　3人以上7人以内
　(2)　監事　1人以上2人以内

> 理事は3人以上、監事は1人以上でなければなりません。

2　理事のうち1人を理事長とし、1人以上2人以内を副理事長とする。

(選任等)
第13条　理事及び監事は、総会において選任する。
2　理事長及び副理事長は、理事の互選とする。
3　役員のうちには、それぞれの役員について、その配偶者もしくは三親等以内の親族が1人を超えて含まれ、又は当該役員並びにその配偶者及び三親等以内の親族が役員の総数の3分の1を超えて含まれることになってはならない。
4　法第20条各号のいずれかに該当する者は、この法人の役員になることができない。
5　監事は、理事又はこの法人の職員を兼ねてはならない。

(職　務)
第14条　理事長は、この法人を代表し、その業務を総理する。
2　理事長以外の理事は、法人の業務について、この法人を代表しない。
3　副理事長は、理事長を補佐し、理事長に事故があるとき又は理事長が欠けたときは、理事長があらかじめ指名した順序によって、その職務を代行する。
4　理事は、理事会を構成し、この定款の定め及び総会又は理事会の議決に基づき、この法人の業務を執行する。
5　監事は、次に掲げる職務を行なう。
　(1)　理事の業務執行の状況を監査すること。
　(2)　この法人の財産の状況を監査すること。
　(3)　前2号の規定による監査の結果、この法人の業務又は財産に関し不正の行為又は法令もしくは定款に違反する重大な事実があることを発見した場合には、これを総会又は所轄庁に報告すること。
　(4)　前号の報告をするために必要がある場合には、総会を招集すること。
　(5)　理事の業務執行の状況又はこの法人の財産の状況について、理事に意見

を述べること。

(任期等)

第15条　役員の任期は、2年とする。ただし、再任を妨げない。

2　前項の規定にかかわらず、後任の役員が選任されない場合には、任期の末日後最初の総会が終結するまでその任期を伸長する。

3　補欠のため、又は増員により就任した役員の任期は、それぞれの前任者又は現任者の任期の残存期間とする。

4　役員は、辞任又は任期満了後においても、後任者が就任するまでは、その職務を行なわなければならない。

> 役員の任期は、2年以内において定款で定める期間です。

(欠員補充)

第16条　理事又は監事のうち、その定数の3分の1を超える者が欠けたときは、遅滞なくこれを補充しなければならない。

(解　任)

第17条　役員が次の各号の一に該当する場合には、総会の議決により、これを解任することができる。

　(1)　心身の故障のため、職務の遂行に堪えないと認められるとき。

　(2)　職務上の義務違反その他役員としてふさわしくない行為があったとき。

2　前項の規定により役員を解任しようとする場合は、議決の前に当該役員に弁明の機会を与えなければならない。

(報酬等)

第18条　役員は、その総数の3分の1以下の範囲内で報酬を受けることができる。

2　役員には、その職務を執行するために要した費用を弁償することができる。

3　前2項に関し必要な事項は、総会の議決を経て、理事長が別に定める。

第4章　会　議

(種　別)

第19条　この法人の会議は、総会及び理事会の2種とする。

2　総会は、通常総会及び臨時総会とする。

(総会の構成)

第20条　総会は、正会員をもって構成する。

(総会の権能)

第21条　総会は、以下の事項について議決する。

　(1)　定款の変更

　(2)　解散及び合併

(3) 会員の除名
 (4) 事業計画及び予算並びにその変更
 (5) 事業報告及び決算
 (6) 役員の選任及び解任
 (7) 役員の職務及び報酬
 (8) 入会金及び会費の額
 (9) 資産の管理の方法
 (10) 借入金（その事業年度内の収入をもって償還する短期借入金を除く。第48条において同じ）その他新たな義務の負担及び権利の放棄
 (11) 解散における残余財産の帰属
 (12) 事務局の組織及び運営
 (13) その他運営に関する重要事項

（総会の開催）
第22条 通常総会は、毎年1回開催する。
2 臨時総会は、次に掲げる場合に開催する。
 (1) 理事会が必要と認め、招集の請求をしたとき
 (2) 正会員総数の5分の1以上から会議の目的を記載した書面により招集の請求があったとき
 (3) 監事が第14条第5項第4号の規定に基づいて招集するとき

（総会の招集）
第23条 総会は、前条第2項第3号の場合を除いて、理事長が招集する。
2 理事長は、前条第2項第1号及び第2号の規定による請求があったときは、その日から30日以内に臨時総会を招集しなければならない。
3 総会を招集するときには、会議の日時、場所、目的及び審議事項を記載した書面又は電磁的方法により、開催の日の少なくとも5日前までに通知しなければならない。

（総会の議長）
第24条 総会の議長は、その総会に出席した正会員の中から選出する。

（総会の定足数）
第25条 総会は、正会員総数の2分の1以上の出席がなければ開会することはできない。

（総会の議決）
第26条 総会における議決事項は、第23条第3項の規定によってあらかじめ通知した事項とする。
2 総会の議事は、この定款に規定するもののほか、出席した正会員の過半数をもって決し、可否同数のときは、議長の決するところによる。

（総会での表決権等）
第27条 各正会員の表決権は平等なものとする。
2 やむを得ない理由により総会に出席できない正会員は、あらかじめ通知された事項について、書面もしくは電磁的方法をもって表決し、又は他の正会員を代理人として表決を委任することができる。
3 前2項の規定にかかわらず、正会員全員が書面又は電磁的方法による意思表示をしたことにより、総会の決議があったとみなされた場合においては、次の事項を記載した議事録を作成しなければならない。
　(1) 総会の決議があったものとみなされた事項の内容
　(2) 前号の事項の提案をした者の氏名又は名称
　(3) 総会の決議があったものとみなされた日
　(4) 議事録の作成に係る職務を行なった者の氏名
4 総会の議決について、特別の利害関係を有する正会員は、その議事の議決に加わることができない。

（総会の議事録）
第28条 総会の議事については、次の事項を記載した議事録を作成しなければならない。
　(1) 日時及び場所
　(2) 正会員総数及び出席者数（書面もしくは電磁的方法による表決者又は表決委任者がある場合にあっては、その数を付記すること）
　(3) 審議事項
　(4) 議事の経過の概要及び議決の結果
　(5) 議事録署名人の選任に関する事項
2 議事録には、議長及び総会において選任された議事録署名人2人が、記名押印又は署名しなければならない。

（理事会の構成）
第29条 理事会は、理事をもって構成する。

（理事会の権能）
第30条 理事会は、この定款に別に定める事項のほか、次の事項を議決する。
　(1) 総会に付議すべき事項
　(2) 総会の議決した事項の執行に関する事項
　(3) その他総会の議決を要しない業務の執行に関する事項

（理事会の開催）
第31条 理事会は、次に掲げる場合に開催する。
　(1) 理事長が必要と認めたとき
　(2) 理事総数の2分の1以上から理事会の目的である事項を記載した書面に

より招集の請求があったとき

(理事会の招集)

第32条 理事会は、理事長が招集する。

2 理事長は、前条第2号の規定による請求があったときは、その日から14日以内に理事会を招集しなければならない。

3 理事会を招集するときは、会議の日時、場所、目的及び審議事項を記載した書面又は電磁的方法により、開催の日の少なくとも5日前までに通知しなければならない。

(理事会の議長)

第33条 理事会の議長は、理事長がこれにあたる。

(理事会の議決)

第34条 理事会における議決事項は、第32条第3項の規定によってあらかじめ通知した事項とする。

2 理事会の議事は、理事総数の過半数をもって決し、可否同数のときは、議長の決するところによる。

(理事会の表決権等)

第35条 各理事の表決権は、平等なものとする。

2 やむを得ない理由のため理事会に出席できない理事は、あらかじめ通知された事項について書面をもって表決することができる。

3 前項の規定により表決した理事は、前条及び次条第1項の適用については、理事会に出席したものとみなす。

4 理事会の議決について、特別の利害関係を有する理事は、その議事の議決に加わることができない。

(理事会の議事録)

第36条 理事会の議事については、次の事項を記載した議事録を作成しなければならない。

(1) 日時及び場所

(2) 理事総数、出席者数及び出席者氏名(書面表決者にあっては、その旨を付記すること)

(3) 審議事項

(4) 議事の経過の概要及び議決の結果

(5) 議事録署名人の選任に関する事項

2 議事録には、議長及びその会議において選任された議事録署名人2人が記名押印又は署名しなければならない。

第5章 資　産

(資産の構成)
第37条　この法人の資産は、次の各号に掲げるものをもって構成する。
 (1)　設立当初の財産目録に記載された資産
 (2)　入会金及び会費
 (3)　寄附金品
 (4)　財産から生じる収入
 (5)　事業に伴う収入
 (6)　その他の収入

(資産の区分)
第38条　この法人の資産は、特定非営利活動に係る事業に関する資産、その他の事業に関する資産の2種とする。

(資産の管理)
第39条　この法人の資産は、理事長が管理し、その方法は、総会の議決を経て、理事長が別に定める。

第6章 会　計

(会計の原則)
第40条　この法人の会計は、法第27条各号に掲げる原則に従って行なわなければならない。

(会計の区分)
第41条　この法人の会計は、特定非営利活動に係る事業会計、その他の事業会計の2種とする。

(事業年度)
第42条　この法人の事業年度は、毎年4月1日に始まり、翌年3月31日に終わる。

(事業計画及び予算)
第43条　この法人の事業計画書及びこれに伴う活動予算書は、毎事業年度ごとに理事長が作成し、総会の議決を経なければならない。

(暫定予算)
第44条　前条の規定にかかわらず、やむを得ない理由により予算が成立しないときは、理事長は、理事会の議決を経て、予算成立の日まで前事業年度の予算に準じ収入支出することができる。

2　前項の収入支出は、新たに成立した予算の収入支出とみなす。
(予備費)
第45条　予算超過又は予算外の支出に充てるため、予算中に予備費を設けることができる。
2　予備費を使用するときは、理事会の議決を経なければならない。
(予算の追加及び更正)
第46条　予算成立後にやむを得ない事由が生じたときは、総会の議決を経て、既定予算の追加又は更正をすることができる。
(事業報告及び決算)
第47条　この法人の事業報告書、活動計算書、貸借対照表及び財産目録等決算に関する書類は、毎事業年度終了後、速やかに、理事長が作成し、監事の監査を受け、総会の議決を経なければならない。
2　決算上剰余金を生じたときは、次事業年度に繰り越すものとする。
(臨機の措置)
第48条　予算をもって定めるもののほか、借入金の借入れその他新たな義務の負担をし、又は権利の放棄をしようとするときは、総会の議決を経なければならない。

第7章　定款の変更、解散及び合併

(定款の変更)
第49条　この法人が法第25条第3項に規定する次に掲げる事項について定款を変更しようとするときは、総会に出席した正会員の4分の3以上の多数による議決を経、かつ、所轄庁の認証を得なければならない。
(1)　目的
(2)　名称
(3)　その行なう特定非営利活動の種類及び当該特定非営利活動に係る事業の種類
(4)　主たる事務所及びその他の事務所の所在地(所轄庁の変更を伴うものに限る)
(5)　社員の資格の得喪に関する事項
(6)　役員に関する事項(役員の定数に係るものを除く)
(7)　会議に関する事項
(8)　その他の事業を行なう場合には、その種類その他当該その他の事業に関する事項
(9)　解散に関する事項(残余財産の帰属すべき者に係るものに限る)

⑽　定款の変更に関する事項
2　この法人が定款を変更（前項の規定により所轄庁の認証を得なければならない事項を除く）したときは、所轄庁に届け出なければならない。

（解　散）
第50条　この法人は、次に掲げる事由により解散する。
　⑴　総会の決議
　⑵　目的とする特定非営利活動に係る事業の成功の不能
　⑶　正会員の欠亡
　⑷　合併
　⑸　破産手続開始の決定
　⑹　所轄庁による設立の認証の取消し
2　前項第1号の事由によりこの法人が解散するときは、正会員総数の4分の3以上の議決を経なければならない。
3　第1項第2号の事由により解散するときは、所轄庁の認定を得なければならない。

（残余財産の帰属）
第51条　この法人が解散（合併又は破産手続開始の決定による解散を除く）したときに残存する財産は、法第11条第3項に掲げる者のうち、総会において議決した者に譲渡するものとする。

（合　併）
第52条　この法人が合併しようとするときは、総会において正会員総数の4分の3以上の議決を経、かつ、所轄庁の認証を得なければならない。

第8章　公告の方法

（公告の方法）
第53条　この法人の公告は、この法人の掲示場に掲示するとともに、官報に掲載して行なう。

第9章　事務局

（事務局の設置）
第54条　この法人に、この法人の事務を処理するため、事務局を設置することができる。
2　事務局には、事務局長及び必要な職員を置くことができる。

(職員の任免)
第55条　事務局長及び職員の任免は、理事長が行なう。
(組織及び運営)
第56条　事務局の組織及び運営に関し必要な事項は、総会の議決を経て、理事長が別に定める。

第10章　雑　則

(細　則)
第57条　この定款の施行について必要な細則は、理事会の議決を経て、理事長がこれを定める。

附　則
1　この定款は、この法人の成立の日から施行する。
2　この法人の設立当初の役員は、次のとおりとする。
　　　理事長　　　　石下　貴大
　　　副理事長　　　環境　太郎
　　　副理事長　　　行政　花子
　　　監　事　　　　自然　守
3　この法人の設立当初の役員の任期は、第15条第1項の規定にかかわらず、この法人の成立の日から平成〇年〇月〇日までとする。
4　この法人の設立当初の事業年度は、第42条の規定にかかわらず、この法人の成立の日から平成〇年〇月〇日までとする。
5　この法人の設立当初の事業計画及び予算は、第43条の規定にかかわらず、設立総会の定めるところによる。
6　この法人の設立当初の入会金及び会費は、第8条の規定にかかわらず、次に掲げる額とする。
　(1)　入会金　正会員（個人・団体）　　5,000円
　　　　　　　賛助会員（個人・団体）　×××× 円
　(2)　年会費　正会員（個人・団体）　 12,000円
　　　　　　　賛助会員（個人・団体）　1口△△△△円（1口以上）

「残余財産の帰属すべき者」は、他のNPO法人、国または地方公共団体、公益財団法人または公益社団法人、学校法人、社会福祉法人、更生保護法人から選定しなければなりません。

③役員名簿

「役員名簿」とは、設立総会において選任された設立当初の役員（理事・監事）の氏名および住所または居所、ならびに役員についての報酬の有無を記載した名簿です。

役員名簿の住所・氏名については、住民票の記載と完全に一致していなければならないので正確に記入することが必要です。

また、役員のうちで役員報酬を得ている者がいる場合には、**名簿に報酬の有無を記載**します。なお、役員が外国人の場合は、母国文字にカタカナでフリガナを付記します。

「役員名簿及び役員のうち報酬を受ける者の名簿」の様式および記載例は次ページを参照してください。

④各役員の就任承諾書及び宣誓書

役員については、役員になることと、欠格事由（復権していない破産者や成年被後見人など）に該当しないこと、および役員の親族規定等、法に違反しないことを明示した「就任承諾書及び宣誓書」を提出する必要があります（74ページ参照）。

書面は役員ごとに提出しますが、氏名と住所、居所については添付する住民票の記載と完全に一致させなければならないので確認が必要です。

⑤各役員の住所または居所を証する書面

一般的には、**住民票の写しを提出**します。

⑥社員のうち10人以上の者の名簿

「社員名簿」には、最低10名以上の社員の氏名、住所または居所を記載します（75ページ参照）。

社員には、団体が含まれることもありますが、その際には団体名のほかにその団体の代表者名を記載します。

◎「役員名簿及び役員のうち報酬を受ける者の名簿」の記載例◎

書式第1号（法第10条関係）

役員名簿及び役員のうち報酬を受ける者の名簿

特定非営利活動法人　環境ビジネス振興会

	役　名	（フリガナ） 氏　名	住所又は居所	報酬の 有無	役職名等
1	理事	イシゲタカヒロ 石下 貴大	東京都中央区銀座 〇丁目〇番〇号	有・無	理事長
2				有・無	
3				有・無	
4				有・無	
5				有・無	
6				有・無	
7				有・無	
8				有・無	
9				有・無	
10				有・無	

→ 住民票の通りに正しく記載します。

→ 「給与」ではありません。

3章　NPO法人の設立手続きのしかた

◎「就任承諾書及び宣誓書」の記載例◎

（理事の場合）

就任承諾書及び宣誓書

　私は、特定非営利活動法人**環境ビジネス振興会**の理事に就任することを承諾します。
　承諾にあたって、特定非営利活動促進法第２０条各号に該当しないこと及び同法第２１条の規定に違反しないことを誓います。

○○年 ○ 月 ○ 日

　　　特定非営利活動法人**環境ビジネス振興会**　御中

　　　　　　　　住所又は居所　　東京都中央区銀座○丁目○番○号

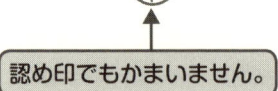

　　　　　　　　氏　　　名　　　石下　貴大　　㊞

認め印でもかまいません。

◎「社員のうち10人以上の者の名簿」の記載例◎

書式第4号（法第10条第1項3号関係）

社員のうち10人以上の者の名簿

特定非営利活動法人　環境ビジネス振興会

	氏　名	住　所　又　は　居　所
1	石下　貴大	東京都中央区銀座○丁目○番○号
2		
3		10名以上記載します。
4		
5		
6		
7		
8		
9		
10		
11		
12		

3章　NPO法人の設立手続きのしかた

⑦ 確認書

「確認書」とは、ＮＰＯ法２条２項２号（宗教・政治・選挙活動を目的とする団体でないこと）、およびＮＰＯ法12条１項３号（暴力団でないこと、暴力団の統制下にある団体でないこと、暴力団の構成員の統制下にある団体でないこと、暴力団の構成員でなくなった日から５年を経過しない者の統制下にある団体でないこと）に該当することを、設立総会などで確認した旨の書類をいいます。

書式と記載例は、次ページを参照してください。

⑧ 設立趣旨書

「設立趣旨書」には、法人を設立しようとするに至った経緯、設立目的、事業内容、法人格が必要な理由などについて、第三者でも容易に理解できるよう具体的に記載します（78ページ参照）。

所轄庁によっては、過去の活動実績やＮＰＯ法人の設立に至る経緯を記入しなければいけないところもあります。

所轄庁によって書式は異なるので、設立趣旨書作成の際には必ず所轄庁から「申請の手引き」を取り寄せて確認しながら作成していってください。

設立趣旨書を作成するときは、「なぜ法人化しなければならないのか」「なぜＮＰＯ法人でなくてはいけないのか」をはっきりと伝えられるように記載することが大切です。

つまり設立趣旨書は、「このＮＰＯ法人は○○○のために活動していきます」というＮＰＯ法人の想いが形となったものといえる書類なので、具体的には、現代社会の現状・背景、問題・原因やそれに対する社会的使命、そのためにどういった活動をしていくのか、これまでの活動状況（活動実績がある場合）、ＮＰＯ法人格が必要となった理由、今後の活動への意思表明などを記載します。

いずれにしても、誰が読んでもわかるように具体的に書くのがポイントです。

◎「確認書」の記載例◎

書式第5号（第10条関係）

確　認　書

　特定非営利活動法人環境ビジネス振興会は、平成〇〇年〇月〇日に開催された設立総会において、特定非営利活動促進法第2条第2項第2号及び同法第12条第1項第3号の規定に該当することを確認しました。

〇〇年 〇 月 〇 日

　　　特定非営利活動法人の名称　特定非営利活動法人環境ビジネス振興会

　　　設立代表者　住所又は居所　東京都中央区銀座〇丁目〇番〇号
　　　　　　　　　氏　　名　　石下 貴大　㊞

　　　　　　　　　　　　　　　　　　↑
　　　　　　　　　　　　　　認め印でもかまいません。

◎「設立趣旨書」のサンプル◎

設 立 趣 旨 書

1　趣　旨

> ●定款に定められている目的や事業に係る社会経済情勢やその問題点
> ●法人の行なう事業が不特定かつ多数の者の利益に寄与するゆえん
> ●法人格が必要となった理由
> 　　　　　　　　　　　　　　　　　　　　等

2　申請に至るまでの経過

> ●法人の設立を発起し、申請するに至った動機や経緯（活動実績がある場合は、これまで取り組んできた具体的活動内容）
> 　　　　　　　　　　　　　　　　　　　　等

○○年 ○月 ○日

　　　　　　　　（特定非営利活動法人の名称）
　　　　　　　　設立代表者　住所又は居所　○○○○○○○○
　　　　　　　　　　　　　　氏名　　　　　○○　○○　　印

> 代表者の認め印でかまいません。

⑨ 設立についての意思の決定を証する議事録の写し

「設立についての意思の決定を証する議事録の写し」とは、ＮＰＯ法人設立総会の議事の経過と議決を証する書類のことをいいます（次ページ参照）。

設立総会では、以下のことについて審議します。
- 議長の選出
- 設立趣旨
- ＮＰＯ法2条2項2号および12条1項3号に該当することの確認
- 定款
- 設立当初の事業計画および収支予算（2年間分）
- 設立代表者の選任と所轄庁に対する設立認証手続きにかかる一切の権限委譲
- 議事録署名人の選任
- 定款で事務所の所在地を最小行政区画までとしている場合は地番までの決定

⑩ 設立当初の事業年度及び翌事業年度の事業計画書

「事業計画書」には、そのＮＰＯ法人が定めた事業期間中に実施する事業の計画について記載します（81ページ参照）。事業計画書は、設立初年度と翌年の分を作成して提出します。

定款に定めた事業との整合性・関連性がある事業計画を立て、不特定かつ多数の者の利益の増進に寄与することを主たる目的としていることが明らかになるように記載し、第三者から見ても客観的に理解できるよう、具体的かつ簡潔に作成する必要があります。

また、実施する事業に関しては、「特定非営利活動に係る事業」と「その他の事業」を分けて記載するようにします。

なお、各所轄庁によって事業計画書の記載項目などが異なっているので、注意が必要です。

基本的な記載項目は以下のとおりです（82ページへつづく）。

◎「設立についての意思の決定を証する議事録の写し」の記載例◎

書式第7号（法第10条関係）

特定非営利活動法人環境ビジネス振興会　設立総会議事録

1　日　　　時　　平成〇〇年〇月〇日

2　場　　　所　　東京都中央区銀座〇丁目〇番〇号

3　出 席 者 数　　〇〇人

4　出席者氏名　　石下貴大
　　　　　　　　〇〇〇〇
　　　　　　　　〇〇〇〇
　　　　　　　　　︙

5　審 議 事 項
　（1）第1号議案　特定非営利活動法人環境ビジネス振興会設立の件
　（2）第2号議案　特定非営利活動法人環境ビジネス振興会定款の件
　　　　　　　　　︙

6　議事の経過の概要及び議決の結果
　　互選により石下貴大氏を議長に選任し、続いて上記〇議案の審議を行なった。
　（1）第1号議案　特定非営利活動法人環境ビジネス振興会設立の件
　　　　　議長より設立趣旨書を配布し、この趣旨をもとに特定非営利活動法人環境ビジネス振興会を設立したい旨を諮ったところ、全員異議なくこれを承諾した。
　（2）　　　︙

7　議事録署名人の選任に関する事項
　　　　　本日の議事をまとめるにあたり、議事録署名人2名を選任することを諮り、〇〇〇〇氏および△△△△氏を選任することを全員異議なくこれを承認した。
　　以上、この議事録が正確であることを証します。

　　〇〇年 〇月 〇日

　　　　　　　　　　　　議　　　　長　　　石下貴大　　印
　　　　　　　　　　　　議事録署名人　　　〇〇〇〇　　印
　　　　　　　　　　　　議事録署名人　　　△△△△　　印

認め印で可。

◎「事業計画書」の記載例◎

書式第8号（法第10条・第25条関係）

○○年度　事業計画書

○○年○月○日から　○△年△月△日まで

特定非営利活動法人　環境ビジネス振興会

1. 事業実施の方針

　　初年度に○○事業の実施にあたり、○○についての調査、研究を行ない、○○の効果的な実施方法を構築し、○○を行なう。△△事業、××事業については広報等を積極的に行なう。

2. 事業の実施に関する事項

（1）特定非営利活動に係る事業

事業名	事業内容	実施予定日時	実施予定場所	従事者の予定人数	受益対象者の範囲及び予定人数	事業費の予定額（千円）
○○事業	○○についての調査、研究を行ないニーズを把握	随時	都内	3人	不特定多数	100
△△事業						
……						

（2）その他の事業

事業名	事業内容	実施予定日時	実施予定場所	従事者の予定人数	事業費の予定額（千円）
××事業	××の展示・販売	通年	法人事務所	3人	100

【1．事業実施の方針】
　定款に定めた目的を達成するために、各事業を実施するうえでの年度別の方針を簡潔に記載します。

【2．事業の実施に関する事項】
- 事業名…定款に記載されている事業名をそのまま記載。
- 事業内容…すべての事業について内容を具体的に記載。
- 実施予定日時…通年の場合は通年である旨、期間を区切る場合はおおむねの時期を記載。
- 実施予定場所…特定している場合はその場所、未定の場合はおおよその地域を記載。
- 従事者の予定人数…従事者の予定人数または延べ人数を記載。
- 受益対象者の範囲及び予定人数…具体的な受益対象者および予定人数を記載。
- 事業費の予定額…活動予算書に記載されている支出金額と一致する金額を記載。

⑪設立当初の事業年度及び翌事業年度の活動予算書

　平成24年（2012年）のＮＰＯ法改正で、収支計算書に代わり「活動予算書」が必要となりました。活動予算書とは、活動に係る事業の実績を表示する書類です。

　収支計算書は資金収支ベースの計算書類でしたが、活動予算書は損益ベースの計算書類であるため、株式会社などで使用されている会計基準に近いものになります。

　活動予算書となることで、減価償却などの正味財産の増減原因を示すことができるため、法人の財務的な状況等を把握することができます。

◎「活動予算書」のサンプル◎

書式第9号（法第10条・第25条関係）

○○年度　活動予算書
○○年 ○ 月 ○ 日から ○△年 △ 月 △ 日まで

特定非営利活動法人　環境ビジネス振興会

(単位：円)

科　　　　目	金　　　額	
Ⅰ　経常収益		
1　受取会費		
正会員受取会費		
賛助会員受取会費		
……		
2　受取寄附金		
受取寄附金		
施設等受入評価益		
……		
3　受取助成金等		
受取補助金		
……		
4　事業収益		
○○○○事業収益		
5　その他収益		
受取利息		
……		
経常収益計		
Ⅱ　経常費用		
1　事業費		
(1)人件費		
給料手当		
退職給付費用		
福利厚生費		
……		
人件費計		
(2)その他経費		
会議費		
旅費交通費		
施設等評価費用		
減価償却費		
印刷製本費		
……		
その他経費計		
事業費計		
2　管理費		
(1)人件費		
役員報酬		
給料手当		
退職給付費用		
福利厚生費		
……		
人件費計		
(2)その他経費		
消耗品費		
水道光熱費		
通信運搬費		
地代家賃		
旅費交通費		
減価償却費		
……		
その他経費計		
管理費計		
経常費用計		
当期経常増減額		
Ⅲ　経常外収益		
経常外収益計		
Ⅳ　経常外費用		
経常外費用計		
税引前当期正味財産増減額		
法人税、住民税及び事業税		
前期繰越正味財産額		
次期繰越正味財産額		

「人件費」と「その他経費」に分けたうえで、支出の形態別に内訳を記載します。

第3章　NPO法人の設立手続きのしかた

法務局への登記申請にはどんな書類が必要か

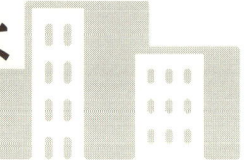

「設立登記申請書」などの提出が必要

　ＮＰＯ法人の設立について所轄庁から認証されると、それから2週間以内に、事務所の所在地を管轄する法務局で登記を行なう必要があります。

　ＮＰＯ法人は、登記して初めて「法人」として成立し、法人設立日は管轄の**法務局に設立登記申請をした日**となります。したがって前述したように、法務局が休みの日には申請できない（つまり、法人設立日とすることはできない）ので注意が必要です。

　「設立登記申請書」の書式は次ページのとおりですが、登記申請する際に必要となる書類（法務局に提出する書類）は下表のとおりです。

提 出 書 類	部 数
設立登記申請書	1部
ＯＣＲ用紙（または登記すべき事項を保存したＣＤ-ＲかＦＤ）	1部
印鑑届書	1部
認証書の写し	1部
定款の写し	1部
役員の就任承諾書及び宣誓書の写し	1部
設立当初の財産目録の写し	1部
代表者の印鑑証明書	1部
委任状（必要に応じて）	──
法人印	──

◎「設立登記申請書」の記載例◎

特定非営利活動法人設立登記申請書

1．名　　称　　　　　特定非営利活動法人環境ビジネス振興会

1．主たる事務所　　　東京都中央区銀座○丁目○番○号

1．登記の事由　　　　平成○○年　○　月　○　日設立の手続終了

1．登記すべき事項　　別添ＣＤ－Ｒ（またはＦＤ）のとおり

1．認証書到達の年月日　平成○○年　○　月　○　日

> 認証書の到達した日を記載します。

1．添付書類
　　定款　　　　　　　　　　　　　　　1通
　　認証書　　　　　　　　　　　　　　1通
　　資産の総額を証する書面　　　　　　1通
　　代表権を有する者の資格を証する書面　○通
　　委任状　　　　　　　　　　　　　　1通

　上記のとおり登記の申請をします。

　　平成○○年　○　月　○　日

　　　　　　　申請人　　東京都中央区銀座○丁目○番○号
　　　　　　　　　　　　特定非営利活動法人環境ビジネス振興会

　　　　　　　理　事　　東京都中央区銀座○丁目○番○号
　　　　　　　　　　　　石下　貴大　　　　　　　　　㊞

　　　　　　　上記代理人
　　　　　　　連絡先の電話番号　０３－○○○○－○○○○

> 法務局に提出した印鑑を押印してください。

　東京　法務局　　御中

第3章　NPO法人の設立手続きのしかた

「設立登記申請書」に記載する項目は以下のとおりです。
- 名称
- 主たる事務所
- 登記の事由（設立登記が終了した年月日）
- 登記すべき事項
- 認証書の到達日
- 添付書類（通数も合わせて記載）
- 申請日および申請人
- 提出先の法務局（出張所等についても記載）

また、所轄庁から届いた設立認証書のコピーを提出します。その際に、原本であることを証明するために「原本証明」を行ないます。

法務局に提出した書類は戻ってこないので、コピーを提出するのですが、その書類が原本と同じ内容ということを証明するのが「原本証明」です。具体的には、コピーの空白部分に以下のように記載し、代表印を押印します。

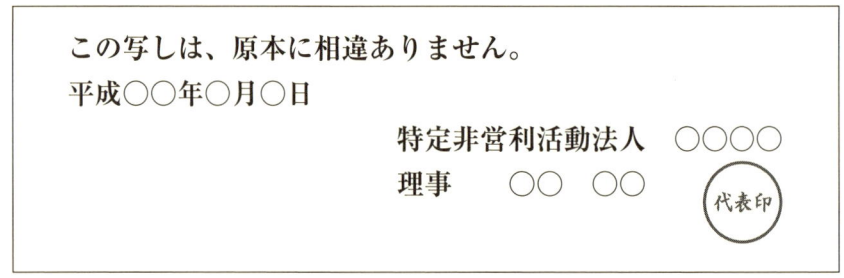

この写しは、原本に相違ありません。
平成○○年○月○日
　　　　　　　　　　　特定非営利活動法人　○○○○
　　　　　　　　　　　理事　　○○　○○　㊞（代表印）

なお、登記申請の際には、原本をあわせて持参し、内容を確認してもらいます。

さらに、代表権を有する者の資格を証する書面として、「役員の就任承諾書及び宣誓書」について各役員の書面のコピーを用意し、それぞれに原本証明をします。

そのほか、資産の総額を証する書面として財産目録の写しや、印

◎「印鑑届書」の記載例◎

印鑑（改印）届書

※ **太枠の中に書いてください。**

（注1）（届出印は鮮明に押印してください。）

【法人代表印】

商号・名称	特定非営利活動法人環境ビジネス振興会
本店・主たる事務所	東京都中央区銀座〇丁目〇番〇号
印鑑提出者 資格	代表取締役・取締役・代表理事 理事・（　　　）
氏名	石下　貴大
生年月日	明・大・⊛昭・平・西暦　53年10月15日生
会社法人等番号	

（注2）
- □ 印鑑カードは引き継がない。
- □ 印鑑カードを引き継ぐ。

印鑑カード番号
前任者

届出人（注3）　□ 印鑑提出者本人　□ 代理人

住所	東京都中央区銀座〇丁目〇番〇号
フリガナ	イシゲ　タカヒロ
氏名	石下　貴大

（注3）の印【個人実印】

委　任　状

私は,（住所）
　　（氏名）
を代理人と定め, 印鑑（改印）の届出の権限を委任します。
　平成　　年　　月　　日
住　所
氏　名　　　　　　　　　　　　　　　印　[市区町村に登録した印鑑]

□ 市区町村長作成の印鑑証明書は, 登記申請書に添付のものを援用する。（注4）

（注1）　印鑑の大きさは, 辺の長さが1cmを超え, 3cm以内の正方形の中に収まるものでなければなりません。
（注2）　印鑑カードを前任者から引き継ぐことができます。該当する□にレ印をつけ, カードを引き継いだ場合には, その印鑑カードの番号・前任者の氏名を記載してください。
（注3）　本人が届け出るときは, 本人の住所・氏名を記載し, 市区町村に登録済みの印鑑を押印してください。代理人が届け出るときは, 代理人の住所・氏名を記載, 押印（認印で可）し, 委任状に所要事項を記載し, 本人が市区町村に登録済みの印鑑を押印してください。
（注4）　この届書には作成後3か月以内の**本人の印鑑証明書**を添付してください。登記申請書に添付した印鑑証明書を援用する場合は, □にレ印をつけてください。

印鑑処理年月日				
印鑑処理番号	受付	調査	入力	校合

（乙号・8）

> **知っ得コラム**
>
> ## 社会起業と助成金
>
> 　雇用失業状況の悪化、少子高齢化や介護問題、ニート、フリーター等の社会的課題は、多様化・複雑化しており、その課題解決が求められているなかで、社会起業への助成金を交付することで積極的に支援する自治体などが増えています。
>
> 　たとえば大阪府では、新たに事業を起こそうとするスタート段階の社会起業家であることや、納税義務を果たしていること、宗教活動や政治活動を主たる目的とした団体でないことなどを要件として、一定額の資金の助成を行なっています。
>
> 　また、横浜市では、成熟社会の進行、経済不況の深刻化のなかで、雇用失業状況の悪化、少子高齢化、ニート、フリーター等の多様化・複雑化する社会的課題を解決する事業者を市内に誘発することで、市民生活の安定・安心サービスの向上と、新たな事業分野の普及による身近な雇用先の創設や市内経済の活性化を目的に、子育て・福祉・環境等の分野における社会的課題をビジネス手法で解決する事業を新たに開始する起業家や既存事業者の同分野への事業転換者に対して、スタートアップ資金を助成していました。
>
> 　継続的な活動のためには、安定した経営的基礎も必要です。寄附金などに頼るだけでなく、こうした助成金の対象になるかどうかについて調べてみるのもいいかもしれません。

鑑届書と代表者個人の印鑑証明書なども提出します。「印鑑届書」のサンプルは前ページを参照してください。

4章

NPO法人の運営のしかた・税務の取扱い

あなたが知りたいことは？

◎設立後にはどんな届出が必要？　⇒ 90ページ
◎決算はどんなことをするの？　⇒ 99ページ
◎定款を変更したいときは？　⇒ 106ページ
◎役員の変更があるときは？　⇒ 109ページ
◎どんな税金がかかってくるの？　⇒ 110ページ

4-1 設立後に必要となる届出と提出書類

　NPO法人を設立した場合、設立したことをそれぞれの役所に知らせる必要があります。

NPO法人の登記完了後に所轄庁へ提出する書類

　NPO法人の設立登記が完了したら、遅滞なく以下の書類を、所轄庁に提出しなければなりません。

　これらは、所轄庁における閲覧用として使用されるもので、認証申請時に提出している定款と財産目録についても、今回提出する登記簿謄本の写しと合わせて提出します。

- **設立登記完了届出書**（次ページ参照）
- **登記簿謄本およびその写し**（各1部）
- **定款の写し**（1部）
- **設立当初の財産目録**（1部。92ページ参照）

収益事業を行なう場合の税務署への届出

　株式会社は営利法人なので、設立する場合には、事務所を管轄する税務署に「法人設立届出書」を提出します。これに対して、NPO法人は非営利法人なので、設立するときに収益事業を行なっていなければ、税務署への届出は不要です。

　NPO法人が、税法で定めている34種類の収益事業（94ページ参照）を行なう場合には、「**収益事業開始届出書**」（93ページ参照）を、**収益事業を開始した日以後2か月以内**に納税地を管轄する税務署に提出します。

◎「設立登記完了届出書」の記載例◎

第2号様式（第5条関係）

〇〇年 〇 月 〇 日

東 京 都 知 事 殿

郵便番号　104-0061
特定非営利活動法人の所在地
　　東京都中央区銀座〇丁目〇番〇号
特定非営利活動法人の名称
　　特定非営利活動法人環境ビジネス振興会
代表者氏名　　　石下　貴大　　　㊞
電話番号　　　　03-〇〇〇〇-〇〇〇〇
ファクシミリ番号　03-××××-××××

設 立 登 記 完 了 届 出 書

　設立の登記を完了したので、特定非営利活動促進法第13条第2項の規定により、届け出ます。

> 法人の代表印を押印してください。

備考　この届出書に以下の書類を添付して提出してください。
　(1)　登記事項証明書　　　　1部
　(2)　登記事項証明書の写し　1部
　(3)　設立の時の財産目録　　2部

◎設立当初の「財産目録」のサンプル◎

書式第11号（法第14条関係）

設立当初の財産目録

○○年 ○ 月 ○ 日現在

特定非営利活動法人　環境ビジネス振興会

（単位：円）

科　　　　目	金　　額		
Ⅰ　資産の部			
1　流動資産			
現金預金			
手元現金			
銀行普通預金			
未収金			
事業未収金			
………			
流　動　資　産　合　計			
2　固定資産			
(1)有形固定資産			
車両運搬具			
什器備品			
パソコン１台			
………			
………			
有形固定資産計			
(2)無形固定資産			
無形固定資産計			
(3)投資その他の資産計			
敷金			
………			
投資その他の資産計			
固　定　資　産　合　計			
資　産　合　計			
Ⅱ　負債の部			
1　流動負債			
未払金			
事務用品購入代			
………			
流　動　負　債　合　計			
2　固定負債			
長期借入金			
銀行借入金			
………			
固　定　負　債　合　計			
負　債　合　計			
正　味　財　産			

「資産合計－負債合計」です。

◎「収益事業開始届出書」の記載例◎

収益事業開始届出書	※整理番号

税務署受付印

平成○○年○月○日

○○税務署長殿

（フリガナ）トクテイヒエイリカツドウホウジンカンキョウビジネスシンコウカイ
名称：特定非営利活動法人環境ビジネス振興会
本店又は主たる事務所の所在地：〒104-0061 東京都中央区銀座○丁目○番○号 電話（03）○○○○-○○○○
納税地：〒 同上 電話（　）
（フリガナ）イシゲ タカヒロ
代表者氏名：石下 貴大 ㊞
代表者住所：〒104-0061 東京都中央区銀座○丁目○番○号 電話（03）○○○○-○○○○

→ 法人の代表印を押印します。

新たに収益事業を開始したので届け出ます。

収益事業開始日	平成○○年○月○日	事業年度	自 ○月○日　自 月 日 至 △月△日　至 月 日

事業の目的	環境の保全を図る活動	収益事業の種類	リサイクル品の販売（物品販売業）

収益事業を営む事業場等	収益事業の種類	事業場等の名称	所　在　地	収益事業の経営責任者
	リサイクル品の販売	リサイクル部	中央区銀座○-○-○	××××

↑ 収益事業の種類ごとに記載してください。

関与税理士	氏名		添付書類	1 収益事業の概要を記載した書類 2 収益事業についての貸借対照表 3 定款等の写し 4 登記事項証明書（履歴事項全部証明書）、登記簿謄本又はオンライン登記情報提供制度利用 （照会番号：　） （発行年月日：　年　月　日） 5 合併契約書の写し
	事務所所在地	電話（　）－		

（備考）

「給与支払事務所等の開設届出書」の提出の有無　　有・無

税理士署名押印　　　　　　　　　　　　　　　㊞

※税務署処理欄　部門　決算期　通信日付印　年　月　日　確認印

（規格A4）

20.06改正　　　　　　　　　　　　　　　　　　　（法1203）

→ 収益事業を開始した日以後2か月以内に提出します。

4章　NPO法人の運営のしかた・税務の取扱い

> **知っ得コラム**
> ## 税法で定められている34種類の収益事業
>
> 　法人税法上の収益事業とは、以下の34種類の事業を、継続して事業場を設けて営むことをいいます。これらの事業には、その収益事業に関連して付随的に行なわれる行為も含まれます。
> ①物品販売業　②不動産販売業　③金銭貸付業　④物品貸付業
> ⑤不動産貸付業　⑥製造業　⑦通信業　⑧運送業　⑨倉庫業
> ⑩請負業　⑪印刷業　⑫出版業　⑬写真業　⑭席貸業　⑮旅館業
> ⑯料理飲食業　⑰周旋業　⑱代理業　⑲仲立業　⑳問屋業
> ㉑鉱業　㉒土石採取業　㉓浴場業　㉔理容業　㉕美容業
> ㉖興行業　㉗遊技所業　㉘遊覧所業　㉙医療保健業
> ㉚技芸・学力教授業　㉛駐車場業　㉜信用保証業
> ㉝無体財産権の提供業　㉞労働者派遣事業

　また、事業を行なっている途中でこの条件にあてはまるようになった際にも、速やかに提出しなければなりません。
　そのほか、収益事業を行なう場合には、以下の書類なども税務署への提出が必要になります。

- 棚卸資産の評価方法の届出書
- 減価償却資産の償却方法の届出書
- 給与支払事務所等の開設届出書（給与や報酬を受ける者がいる場合は、税務署に給与支払事務所等の開設届出書を設立から2か月以内に提出する必要があります。次ページ参照）
- 登記簿謄本
- 定款のコピー
- 職員名簿

◎「給与支払事務所等の開設届出書」の記載例◎

4章 NPO法人の運営のしかた・税務の取扱い

給与支払事務所等の(開設)・移転・廃止届出書

※整理番号

税務署受付印

事務所開設者
- (フリガナ) トクテイヒエイリカツドウホウジンカンキョウビジネスシンコウカイ
- 氏名又は名称 特定非営利活動法人環境ビジネス振興会
- 住所又は本店所在地 〒104-0061 東京都中央区銀座○丁目○番○号 電話(03)○○○○-○○○○
- (フリガナ) イシゲ タカヒロ
- 代表者氏名 石下 貴大 ㊞

平成○○年 ○月 ○日

○○税務署長殿

所得税法第230条の規定により次のとおり届け出ます。

(注)「住所又は本店所在地」欄については、個人の方については申告所得税の納税地、法人については本店所在地を記載してください。

法人の代表印を押印します。

(開設)・移転・廃止年月日 平成○○年 ○月 ○日　給与支払を開始する年月日 平成○○年 ○月 ○日

○届出の内容及び理由
(該当する事項のチェック欄□に✓印を付してください。)

		「給与支払事務所等について」欄の記載事項
		開設・異動前 / 異動後
開設	✓ 開業又は法人の設立	→ 開設した支店等の所在地
	□ 上記以外 ※本店所在地等とは別の所在地に支店等を開設した場合	
移転	□ 所在地の移転	→ 移転前の所在地 / 移転後の所在地
	□ 既存の給与支払事務所等への引継ぎ (理由) □ 法人の合併 □ 法人の分割 □ 支店等の閉鎖 □ その他	→ 引継ぎをする前の給与支払事務所等 / 引継先の給与支払事務所等
廃止	□ 廃業又は清算結了 □ 休業	
その他 ( )		→ 異動前の事項 / 異動後の事項

○給与支払事務所等について

	開設・異動前	異動後
(フリガナ)	トクテイヒエイリカツドウホウジンカンキョウビジネスシンコウカイ	
氏名又は名称	特定非営利活動法人環境ビジネス振興会	
住所又は所在地	〒104-0061 東京都中央区銀座○丁目○番○号 電話(03)○○○○-○○○○	〒 電話( ) -
(フリガナ)	イシゲ タカヒロ	
責任者氏名	石下 貴大	

従事員数 役員 3人 従業員 8人 ( )人 ( )人 ( )人 計 11人

(その他参考事項)

税理士署名押印 ㊞

※税務署処理欄 | 部門 | 決算期 | 業種番号 | 入力 | 名簿等 | 用紙交付 | 通信日付印 | 年月日 | 確認印

(規格A4)

23.12改正　(源0301)

税務署以外への税務関係の届出書類

NPO法人を設立したら、その法人の事業所を管轄する都道府県税事務所に次の書類を提出します。

- ●法人設立届出書　●登記簿謄本　●定款のコピー

また、上記書類は、NPO法人の事業所を管轄する市区町村役場にも、それぞれの市区町村で定める期限までに提出します。

労働保険関係の届出・手続き

NPO法人を設立して従業員を1人でも雇う場合は、その法人には**労災保険に加入する義務**が生じます。労災保険とは、正しくは「労働者災害補償保険」といい、従業員が業務中、あるいは通勤中に病気・ケガなどをした場合に補償を行なう制度です。

労災保険を担当する役所は、**労働基準監督署**です。従業員を雇い入れると、その事業は「適用事業」に該当することになるので、「**適用事業報告**」を労働基準監督署へ提出します。

また、NPO法人を設立した場合、原則として、保険関係設立の日（労働者を1人でも採用した日）から10日以内に、「**労働保険関係設立届**」を設立したNPO法人の所在地を管轄する労働基準監督署（長）に提出します。

さらに、従業員を1人でも雇う場合は、労災保険と同様に原則として**雇用保険への加入義務**が生じます。

雇用保険の手続きは、まず、事務所を管轄する公共職業安定所（ハローワーク）に「**雇用保険適用事業所設置届**」を提出します。この適用事業所設置届の提出期限は、NPO法人を設立して、雇用保険の加入義務のある労働者を雇った日の翌日から10日以内です。また、従業員を雇った月の翌月10日までには、「**雇用保険被保険者資格取得届**」も提出しなければなりません。

◎設立後に必要となる届出・手続きの一覧◎

	届出先	届出書類
税務関係	税務署 （収益事業を行なう場合）	登記簿謄本のコピー
		定款のコピー
		収益事業を開始した旨の届出書
		青色申告の承認申請書　など （収益事業を開始した日以降3か月を経過した日、または収益事業を開始した年度終了の日とのいずれか早い日までに「青色申告の承認申請書」を所轄税務署に提出すると、収益事業の赤字を次年度以降5年間繰り越すことができます）
	都道府県税事務所	登記簿謄本のコピー
		定款のコピー
		法人設立届出書（東京都の場合は「事業開始等申告書」）
	市区町村役場	登記簿謄本のコピー
		定款のコピー
		法人設立届出書（東京都23区の場合は都税事務所で一括取扱い）
社会保険関係	年金事務所	登記簿謄本
		新規適用届
		新規適用事業所現況書
		被保険者資格取得届
		被扶養者（異動）届　など
労働保険関係	労働基準監督署	登記簿謄本
		労働保険概算・確定保険料申告書
		労働保険関係成立届
		適用事業報告　など
	公共職業安定所	登記簿謄本
		雇用保険適用事業所設置届
		被保険者資格取得届
		法人設立届出書の写し（東京都の場合）
		労働保険関係成立届
		労働者名簿　など

```
┌─────────────────────────────────────────────────┐
│ 【労働基準監督署への提出書類】                        │
│ ●労働保険料申告書    ●労働保険関係成立届            │
│ ●適用事業報告      ●登記簿謄本                  │
│ 【公共職業安定所への提出書類】                        │
│ ●雇用保険適用事業所設置届  ●被保険者資格取得届       │
│ ●労働保険関係成立届   ●労働者名簿   ●登記簿謄本    │
└─────────────────────────────────────────────────┘
```

社会保険関係の届出・手続き

　法人の場合は1人以上、個人だと常時5人以上の従業員を使用している場合は、**強制適用事業所に該当するため**、**社会保険（健康保険と厚生年金）**に加入しなければなりません。

　NPO法人は法人なので、1人でも従業員を雇うと社会保険に加入する義務が生じます。

　加入の手続きをするときは、「**健康保険・厚生年金保険新規適用届**」と「**保険料納入告知書送付依頼書**」（口座振替依頼書）を所轄の年金事務所に提出します。

　また、社会保険の加入者（加入後は「**被保険者**」と呼びます）についての「**健康保険・厚生年金保険被保険者資格取得届**」も同時に提出します。被保険者に配偶者や子などの被扶養者がいる場合は、「**健康保険被扶養者（異動）届**」を提出します。

```
┌─────────────────────────────────────────────────┐
│ 【年金事務所への提出書類】                           │
│ ●新規適用届          ●新規適用事業所現況書         │
│ ●被保険者資格取得届     ●被扶養者（異動）届         │
│ ●保険料納入告知書送付依頼書  ●登記簿謄本           │
└─────────────────────────────────────────────────┘
```

　NPO法人の設立後に必要となる届出・手続きについてまとめると前ページ表のようになります。

4-2

NPO法人も決算をしなければならない

毎事業年度、事業報告も行なわなければならない

　非営利法人であるNPO法人も、定款に定めた事業年度ごとに決算を行ない、所轄庁に決算書を提出しなければなりません。提出するのは決算に関する書類だけでなく、事業年度中に行なった事業について記載した「事業報告書」も提出します。

　株式会社のように、利益をあげているかどうかを株主などに報告する必要はありませんが、適正な運営をするために、事業年度ごとに以下にあげる書類を所轄庁に提出し、主たる事務所と従たる事務所がある場合には、従たる事務所にも**3年間備え置く義務**があります。

　また、その提出した書類については、広く一般に公開されることになっています。この事業報告などを行なわないと処罰の対象となり、たとえば3年間、事業報告を行なわないままのNPO法人は、NPO法人の認証を取り消されます。

毎事業年度、所轄庁に提出すべき書類とは

①**事業報告書**

　「事業報告書」とは、事業計画書にもとづいて前事業年度に実施した事業の成果・内容を報告するものです。具体的には、事業名や事業内容、実施日時や従事者の人数などを記載します（次ページ参照）。

②**財産目録**

　「財産目録」とは、前事業年度における法人の資産と負債の各科目ごとの内容・数量などを示したものです。定款上、「その他の事業」

◎「事業報告書」の記載例◎

書式第12号（法第28条関係）

○○年度　事業報告書
○○年○月○日から　○△年△月△日まで

特定非営利活動法人　環境ビジネス振興会

1．事業の成果
　　平成○○年度は、○○事業の実施にあたり、○○についての調査・研究を行ない、○○についての実施方法の構築および○○を行なった。

2．事業の実施に関する事項

（1）特定非営利活動に係る事業

事業名	事業内容	実施日時	実施場所	従事者の人数	受益対象者の範囲及び人数	事業費の金額（千円）
○○事業	○○についての調査・研究を行ない、ニーズを把握	3/1 6/1	都内	10人	不特定多数	100
△△事業						

※定款に合致するように記載します。

（2）その他の事業

※定款に「その他の事業」を定めている場合に記載します。

事業名	事業内容	実施日時	実施場所	従事者の人数	事業費の金額（千円）
××事業	××のための○○を販売	3月〜9月	都内	10人	200

◎決算時の「財産目録」のサンプル◎

書式第17号（法第28条関係）

○○年度　財産目録
○○年 ○ 月 ○ 日現在
特定非営利活動法人　環境ビジネス振興会
（単位：円）

※ ○○年 ○ 月 ○ 日現在 → 当該事業年度の末日を記載します。

科　　目	金　　額
Ⅰ　資産の部	
1　流動資産	
現金預金	
手元現金	
銀行普通預金	
未収金	
事業未収金	
………	
流動資産合計	
2　固定資産	
(1)有形固定資産	
車両運搬具	
什器備品	
パソコン１台	
………	
………	
有形固定資産計	
(2)無形固定資産	
………	
無形固定資産計	
(3)投資その他の資産計	
敷金	
………	
投資その他の資産計	
固定資産合計	
資産合計	
Ⅱ　負債の部	
1　流動負債	
未払金	
事務用品購入代	
………	
………	
流動負債合計	
2　固定負債	
長期借入金	
銀行借入金	
………	
………	
固定負債合計	
負債合計	
正味財産	

4章

NPO法人の運営のしかた・税務の取扱い

もある場合、所轄庁によっては「特定非営利に係る事業（本来事業）」と別々に作成する必要があります（101ページ参照）。

③貸借対照表

「貸借対照表」とは、前事業年度末日におけるＮＰＯ法人の資産、負債および正味財産の各科目ごとの残高を示したものです。定款上「その他の事業」もある場合は「特定非営利に係る事業（本来事業）」と別々に作成します（次ページ参照）。

④活動計算書

「活動計算書」とは、前事業年度中の収入・支出の額を勘定科目ごとに集計し、当期の正味財産額と次期繰越正味財産額を示したものです。定款上、「その他の事業」もある場合は「特定非営利に係る事業（本来事業）」と別々に作成します（104ページ参照）。

⑤役員名簿

前事業年度において役員（理事・監事）であったことがある者全員の氏名および住所または居所ならびに各役員について前事業年度中の報酬の有無を記載したものです（105ページ参照）。

⑥社員のうち10人以上の者の名簿

前事業年度の末日現在の社員のうち10人以上の氏名・住所を記載したものです。10人以上であれば社員全員を記載する必要はありません。

社員が、法人および任意団体などの場合は、その名称および代表者の氏名を記載します。役員名簿に記載のある役員については、住民票と同一の文字・表記で記載します。

書式は「書式第19号（法第28条関係）」ですが、内容は３章75ページと同じものです。

◎「貸借対照表」のサンプル◎

書式第15号（法第28条関係）

○○年度　　貸借対照表
○○年　○月　○日現在

特定非営利活動法人　環境ビジネス振興会

（単位：円）

→ 当該事業年度の末日を記載します。

科　目	金　額
I　資産の部	
1　流動資産	
現金預金	
未収金	
………	
流動資産合計	
2　固定資産	
(1)有形固定資産	
車両運搬具	
什器備品	
………	
有形固定資産計	
(2)無形固定資産	
………	
無形固定資産計	
(3)投資その他の資産	
敷金	
………	
投資その他の資産計	
固定資産合計	
資　産　合　計	
II　負債の部	
1　流動負債	
未払金	
………	
流動負債合計	
2　固定負債	
長期借入金	
退職給与引当金	
………	
固定負債合計	
負　債　合　計	
III　正味財産の部	
前期繰越正味財産	
当期正味財産増減額	
正味財産合計	
負債及び正味財産合計	

4章　NPO法人の運営のしかた・税務の取扱い

◎「活動計算書」のサンプル◎

書式第13号（法第28条関係）

○○年度　活動計算書
○○年 ○ 月 ○ 日から ○△年 △ 月 △ 日まで

特定非営利活動法人　環境ビジネス振興会

（単位：円）

科　　目	金　　額	
Ⅰ　経常収益		
1　受取会費		
正会員受取会費		
賛助会員受取会費		
……		
2　受取寄附金		
受取寄附金		
施設等受入評価益		
……		
3　受取助成金等		
受取補助金		
……		
4　事業収益		
○○○○事業収益		
5　その他収益		
受取利息		
……		
経常収益計		
Ⅱ　経常費用		
1　事業費		
(1)人件費		
給料手当		
退職給付費用		
福利厚生費		
……		
人件費計		
(2)その他経費		
会議費		
旅費交通費		
施設等評価費用		
減価償却費		
印刷製本費		
……		
その他経費計		
事業費計		
2　管理費		
(1)人件費		
役員報酬		
給料手当		
退職給付費用		
福利厚生費		
……		
人件費計		
(2)その他経費		
消耗品費		
水道光熱費		
通信運搬費		
地代家賃		
旅費交通費		
減価償却費		
……		
その他経費計		
管理費計		
経常費用計		
当期経常増減額		
Ⅲ　経常外収益		
経常外収益計		
Ⅳ　経常外費用		
経常外費用計		
税引前当期正味財産増減額		
法人税、住民税及び事業税		
前期繰越正味財産額		
次期繰越正味財産額		

◎決算時の「役員名簿」の記載例◎

書式第18号（法第28条関係）

○○ 年度　年間役員名簿

○○年 ○ 月 ○ 日から　　○△年 △ 月 △ 日まで

特定非営利活動法人　環境ビジネス振興会

役名	氏　名	住所又は居所	就任期間	報酬を受けた期間
理事	石下 貴大	東京都中央区銀座○丁目○番○号	○○年○月○日～○△年△月△日	○○年○月○日～○△年△月△日
⋮			年　月　日～　年　月　日	年　月　日～　年　月　日
⋮			年　月　日～　年　月　日	年　月　日～　年　月　日
			年　月　日～　年　月　日	年　月　日～　年　月　日
			年　月　日～　年　月　日	年　月　日～　年　月　日
			年　月　日～　年　月　日	年　月　日～　年　月　日
			年　月　日～　年　月　日	年　月　日～　年　月　日
			年　月　日～　年　月　日	年　月　日～　年　月　日
			年　月　日～　年　月　日	年　月　日～　年　月　日
			年　月　日～　年　月　日	年　月　日～　年　月　日
			年　月　日～　年　月　日	年　月　日～　年　月　日

4-3 定款を変更するときに必要な手続き

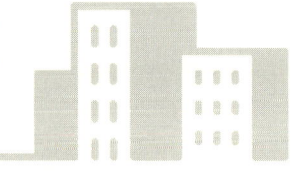

どんな場合に定款の変更が必要になるのか

　ＮＰＯ法人の定款変更の手続きは、変更する内容によって「**届出**」と「**認証申請**」の2つに分かれます。

　「**届出**」による手続きは、社員総会で定款変更を決議して、その変更を届け出れば、決議の日にすぐに変更の効力が生じます。一方、「**認証**」による手続きは、社員総会で定款変更を決議して、所轄庁に認証申請をし、そこで審査を経て認証が行なわれて初めて変更の効力が生じます。なお、認証までには2か月半〜4か月かかってしまいます。

変更登記が必要になる場合とは

　届出・認証が終わったあと、内容によっては、定款の変更登記が必要な場合があります。

　なお、従来は、定款変更をする場合に所轄庁への届出のみで足りる事項は軽微な事項に限られていましたが、ＮＰＯ法の改正によって、平成24年（2012年）4月からは、以下の10項目の変更については認証が必要ですが、これ以外の変更については届出だけで済むようになりました。

①目的
②法人の名称
③特定非営利活動の種類（20分野）および特定非営利活動に係る事業の種類
④主たる事務所およびその他の事務所の所在地（所轄庁の変更を伴う場合のみ）

⑤社員の資格の得喪に関する事項
⑥役員に関する事項（役員の定数に係るものを除く）
⑦会議に関する事項
⑧その他の事業を行なう場合には、その種類その他当該その他の事業に関する事項
⑨解散に関する事項
⑩定款の変更に関する事項

　届出だけですむ定款変更事項については２章でも説明しましたが（35ページ参照）、具体的には以下の事項です（※印が今回の改正で追加となった事項です）。

- 事務所の所在地（所轄庁変更を伴わないもの）
- 役員の定数に関する事項（※）
- 資産に関する事項
- 会計に関する事項（※）
- 事業年度（※）
- 残余財産の帰属先に関する事項を除く解散に関する事項（※）
- 公告の方法
- 法第11条各号に掲げる事項以外の事項（任意的記載事項）（※）

どんな書類を提出するのか

①届出の場合

　軽微な事項について、定款の記載を変更する場合には、「定款変更届出書」に、変更前と変更後の違いを明記したうえで、添付書類として、「社員総会の議事録の謄本」と「変更後の定款」を所轄庁に届け出ます。
　また、定款の変更が登記事項の変更を伴う場合（理事の変更、所

在地の変更等）には、登記終了後、遅滞なく「登記事項証明書」を提出します。

②**認証申請をする場合**

　認証申請をする場合には、「定款変更認証申請書」と「定款の変更を議決した社員総会の議事録の謄本」「変更後の定款」を提出します。事業の変更を伴う定款変更の場合には、さらに定款の変更日の属する事業年度とその翌事業年度の「事業計画書」と「活動予算書」も提出する必要があります。

　なお、所轄庁の変更を伴う定款変更の場合には、「役員名簿」「確認書」「前事業年度の事業報告書」「財産目録」「貸借対照表」「活動予算書」も提出します。ＮＰＯ法人を設立してからこれらの書類を作成する前に所轄庁の変更を伴う定款変更を行なう場合には、これらの書類にかえて、「設立時の財産目録」および「事業計画書」「活動予算書」を添付することとなります。

4-4 役員を変更するときに必要な手続き

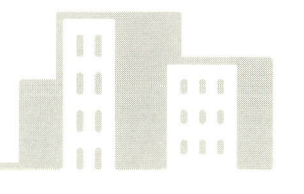

どんな場合に変更登記をするのか

　役員に関して、定款に記載した事項に変更が生じた場合には、所轄庁に変更の届出を行ない、さらに法務局で変更の登記を行なわなければなりません。

　届出が必要になる場合とは、以下のケースです。

- 新たに役員が選任された場合（新任）
- 同じ役員が再び選任された場合（再任）
- 役員が任期満了となった場合
- 役員が死亡・辞任した場合や解任された場合
- 役員の住所・居所、姓名に変更が生じた場合

どんな書類を作成・提出するのか

　役員に関する変更があった場合は、「役員変更等の届出書」を提出しますが、そのほか、変更内容に応じた書類も必要となります。

　たとえば、資産総額が変更となる場合には、財産目録が必要となり、役員の新任が行なわれる場合には、その役員の「就任承諾書」が必要となります。また、任期中に役員が辞任した場合には、「辞任届」が必要となりますし、役員が死亡した場合には、「戸籍謄本」が必要となります。役員の住所が変更となった場合は、その役員の「住民票」が必要です。

　役員の変更届を提出する場合には、あわせて変更後の「役員名簿」を添付しましょう。

4-5 NPO法人にはどんな税金がかかるのか

　NPO法人には、主に以下の税金がかかります。
- 法人税
- 法人住民税・法人事業税
- 消費税

　それぞれ、詳しくみていくことにしましょう。

法人税はどんな場合にかかるか

　個人が納める所得税に対し、法人が納める税金は「法人税」です。NPO法人は非営利法人ですから、本来の目的のみを行なうNPO法人であれば、法人税はかかりませんが、**収益事業もあわせて行なうNPO法人に利益が生じたときには法人税が課税**されます。

　課税対象となる事業かどうかは、NPO法上の「特定非営利活動に係る事業」「その他の事業」の区別で判断するわけではなく、特定非営利事業であっても税法上の収益事業に該当すれば課税されます（税法上の収益事業については94ページ参照）。

　また、**補助金**や**助成金**については、収益事業に係る収入や経費を補てんするための補助金や助成金に関しては課税されますが、収益事業以外に係る収入や経費を補てんするための補助金や助成金に関しては課税されません。

　寄附金についても、収益事業に係る経費に使途が限定されている寄附金であれば課税の対象になりますが、使途が限定されていない場合には課税対象ではないと考えられます。

　同様に、**会費収入**についても、原則は非課税とされています。

　なお、収益事業を営んでいる場合には、**各事業年度の終了の日から2か月以内**に、所轄の税務署に法人税申告書を提出します。ただ

し、赤字の場合は、法人税の納税は不要です。

法人住民税、法人事業税の申告手続き

　法人が納める税金には、法人税のほかに、法人住民税と法人事業税があります。

　収益が黒字であれば、法人住民税と法人事業税についても、その所得金額に応じた税額の支払いが必要です。一方、収益が赤字の場合には、法人住民税の「均等割」と呼ばれる部分だけが課税されます。

　収益事業を営んでいないNPO法人についても、法人住民税の均等割の部分については納税義務があるのですが、多くの地方公共団体では免除の制度が設けられています。

　たとえば東京都の場合には、収益事業を行なわず、毎年4月末までに免除申請を行なった法人は、法人住民税の均等割は免除されます。

【確定申告書または損益計算書等の提出】

　NPO法人は、収益事業を行なっていることにより法人税の確定申告書を提出する場合を除いて、原則として事業年度終了の日の翌日から4か月以内に、その事業年度の損益計算書または活動計算書を、主たる事務所の所在地の所轄税務署長に提出しなければなりません。

　提出する際には、「公益法人等の損益計算書等の提出書」を作成し、損益計算書または活動計算書を添付します。

　ただし、年間の収入金額の合計額が8,000万円以下の場合には、この手続きは不要です。

消費税はなぜ課税されるのか

　株式会社などと同様に、NPO法人にも消費税は課税されます。具体的には、商品・製品の販売、役務の提供のときに、その対価に

対して消費税がかかります。

　これは、消費税法で「国内において、事業者が行なった資産の譲渡等には消費税を課する」と規定しているからですが、消費税の課税対象取引となる要件には、以下の4つがあります。

①国内において行なう取引であること
　消費税は国内取引だけが対象となるので、日本の企業がアメリカの支店で商品の販売をした場合のように、国外で行なわれた取引については、消費税の課税対象にはなりません。

②事業者が事業として行なった取引であること
　消費税の納税義務者は事業者ですから、事業者以外の者が行なった取引は、課税対象にはなりません。たとえば、会社員が自家用車を売ったとしても、会社員は事業者ではありませんから、消費税が課税されることはありません。

③対価を得て行なう取引であること
　「対価を得る取引」とは、商品を販売して代金（対価）をもらうというような取引をいいますから、タダであげるというような「対価を得ない取引」である無償取引は、原則として消費税の課税対象にはなりません。

④資産の譲渡等の取引であること
　商品の販売などの「資産の譲渡」だけではなく、資産の「貸付け」や「役務（サービス）の提供」も、消費税の課税対象となります。

5章

認定NPO法人制度を活用してみよう

あなたが知りたいことは？

◎認定NPO法人とは？　⇒ 114ページ

◎認定NPO法人への寄附の取扱いは？　⇒ 115ページ

◎認定を受けるための基準は？　⇒ 117ページ

◎PSTって何だろう？　⇒ 120ページ

◎認定を受けるための申請のしかたは？　⇒ 125ページ

5-1 認定NPO法人制度とはどんな制度なのか

認定NPO法人制度とは

「認定NPO法人制度」は、NPO法人への寄附を促すことにより、NPO法人の活動を支援するために税制上設けられた制度です。つまり、認定NPO法人になれば、税制上優遇された寄附を受けられやすくなるわけです。

認定NPO法人制度については、従来は、NPO法人のうち一定の要件を満たすものについて、国税庁長官が認定を行なう制度でしたが、NPO法の改正により、**所轄庁が認定を行なう**新たな制度として創設され、平成24年（2012年）4月1日から実施されています。

また、平成23年度の税制改正により、認定要件の緩和や、寄附金税額控除制度の創設、特例措置の見直しなどが行なわれています。

「認定NPO法人」「仮認定NPO法人」とは

「認定NPO法人」とは、NPO法人のうち、その運営組織および事業活動が適正であって、より公益性が高いと思われるNPO法人につき、一定の基準に適合したものとして、所轄庁の認定を受けたNPO法人をいいます。

一方、「仮認定NPO法人」とは、NPO法人であって新たに設立されたもののうち、その運営組織および事業活動が適正であって、特定非営利活動の健全な発展の基盤を有し、公益の増進に資すると見込まれるものにつき、一定の基準（パブリック・サポート・テスト＝PST以外）に適合したものとして、所轄庁の仮認定を受けたNPO法人をいいます（PSTについては後述します）。

認定NPO法人になるとどんなメリットがあるのか

まず、認定NPO法人に対する寄附をする者には、次のような税制上の優遇措置があります。

①個人が寄附をする場合

個人が認定NPO法人などに対し、その認定NPO法人などの行なう特定非営利活動に関する事業に寄附をした場合には、「**特定寄附金**」に該当し、**寄附金控除**または**税額控除**のいずれかの控除を選択適用できることになっています。

「寄附金控除」とは、所得税の所得控除の一つで、その年中に支出した特定寄附金の額の合計額（所得金額の40％相当額を限度）から2,000円を控除した金額を、その年分の総所得金額等から控除できる、というものです。

一方、「税額控除」とは、その年中に支出した認定NPO法人等に対する寄附金の額の合計額から2,000円を控除した金額の40％相当額（所得税額の25％相当額を限度）を、その年分の所得税額から控除できる、というものです。

また、都道府県または市区町村が条例で指定した認定NPO法人などに個人が寄附をした場合は、**個人住民税**において**寄附金税額控除が適用**されます。

②法人が寄附をする場合

法人が認定NPO法人などに対し、その認定NPO法人などの行なう特定非営利活動に関する事業に寄附をした場合には、一般寄附金の損金算入限度額とは別に、特定公益増進法人に対する寄附金の額と合わせて、特別損金算入限度額の範囲内で損金算入をすることができます。

③相続人等が相続財産等を寄附をする場合

　相続または遺贈により財産を取得した者が、その取得した財産を相続税の申告期限までに認定ＮＰＯ法人（仮認定ＮＰＯ法人には適用されません）に対し、その認定ＮＰＯ法人が行なう特定非営利活動に係る事業に関連する寄附をした場合は、その寄附をした財産の価額は相続税の課税価格の計算の基礎には算入されません。

　そのほか、「認定ＮＰＯ法人のみなし寄附金制度」といって、認定ＮＰＯ法人が、その収益事業に属する資産のうちから、その収益事業以外の事業で特定非営利活動に関連する事業に支出した金額は、その収益事業に関する寄附金の額とみなされ、一定の範囲内で損金算入が認められます。これも認定ＮＰＯ法人となることのメリットといえます。

5-2 認定NPO法人となる基準はどうなっているのか

認定基準を受けなければならない

認定NPO法人になるためには、以下の基準に適合する必要があります。

> ①パブリック・サポート・テスト（PST）に適合すること（仮認定NPO法人は除く）
> ②事業活動において、共益的な活動の占める割合が50％未満であること
> ③運営組織および経理が適切であること
> ④事業活動の内容が適正であること
> ⑤情報公開を適切に行なっていること
> ⑥事業報告書等を所轄庁に提出していること
> ⑦法令違反、不正の行為、公益に反する事実等がないこと
> ⑧設立の日から1年を超える期間が経過していること

②の「共益的な活動」とは、町内会や同窓会、サークルなどのように、構成員に共通する利益を図ることを目的とする活動をいいます。

上記の理由を満たしていても（仮認定NPO法人は②～⑧を満たしていても）、欠格事由に該当するNPO法人は、認定または仮認定を受けることはできません。

認定を受けられない「欠格事由」とは

次のいずれかの欠格事由に該当するNPO法人は、認定等を受けることはできません。

①役員のうちに、次のいずれかに該当する者がある法人
- 認定または仮認定を取り消された法人において、その取消しの原因となった事実があった日以前１年内に、当該法人のその業務を行なう理事であった者で、その取消しの日から５年を経過しない者
- 禁錮以上の刑に処せられ、その執行を終わった日またはその執行を受けることがなくなった日から５年を経過しない者
- ＮＰＯ法、暴力団員不当行為防止法に違反したことにより、もしくは刑法204条等もしくは暴力行為等処罰法の罪を犯したことにより、または国税もしくは地方税に関する法律に違反したことにより、罰金刑に処せられ、その執行を終わった日またはその執行を受けることがなくなった日から５年を経過しない者
- 暴力団またはその構成員等

②認定または仮認定を取り消され、その取消しの日から５年を経過しない法人
③定款または事業計画書の内容が法令等に違反している法人
④国税または地方税の滞納処分の執行がされている、または滞納処分の終了の日から３年を経過しない法人
⑤国税または地方税に係る重加算税等を課された日から３年を経過しない法人
⑥暴力団、または暴力団もしくは暴力団の構成員等の統制下にある法人

認定等の有効期間はどのくらいか

認定ＮＰＯ法人の認定の有効期間は、**所轄庁による認定の日から起算して５年**です。仮認定の場合の有効期間は、所轄庁による仮認定の日から起算して３年となります。

なお、認定の有効期間の満了後、引き続き、認定ＮＰＯ法人として特定非営利活動を行なおうとする認定ＮＰＯ法人は、その有効期間の更新を受ける必要があります（仮認定の有効期間の更新はありません）。

5-3 パブリック・サポート・テストに関する基準とは

パブリック・サポート・テストとは何か

「パブリック・サポート・テスト」(PST)とは、広く市民からの支援を受けているかどうかを判断するための基準であり、認定基準のポイントになるものです。

パブリック・サポート・テスト基準の判定に当たっては、次のいずれかの基準を選択することができます。

- 相対値基準
- 絶対値基準
- 条例個別指定

相対値基準とは

「相対値基準」とは、実績判定期間における経常収入金額のうちに寄附金等収入金額の占める割合が5分の1以上であることを求める基準です。

$$\text{実績判定期間における} \quad \frac{\text{寄附金等収入金額}}{\text{経常収入金額}} \geq \frac{1}{5}$$

- 経常収入金額………総収入金額−①の金額
- 寄附金等収入金額…受入寄附金総額−②の金額+③の金額

【①の金額】

次に掲げる金額の合計額です。

㋑国、地方公共団体、法人税法別表第一に掲げる独立行政法人、地方独立行政法人、国立大学法人、大学共同利用機関法人およびわが国が加盟している国際機関(以下「国等」といいます)からの

◎「実績判定期間」とは◎

「実績判定期間」とは、認定を受けようとする法人の直前に終了した事業年度の末日以前5年（過去に認定を受けたことのない法人または仮認定を受ける法人の場合は2年）内に終了した各事業年度のうち最も早い事業年度の初日から当該末日までの期間をいいます。

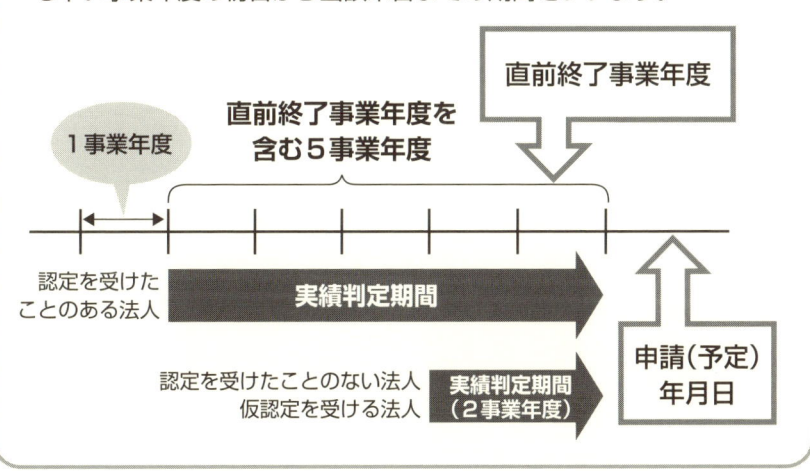

（図：実績判定期間の説明）
- 1事業年度
- 直前終了事業年度を含む5事業年度
- 直前終了事業年度
- 認定を受けたことのある法人：実績判定期間
- 認定を受けたことのない法人／仮認定を受ける法人：実績判定期間（2事業年度）
- 申請（予定）年月日

（内閣府ホームページより）

　補助金その他国等が反対給付を受けないで交付するもの
　（注）国の補助金等を受けている場合、選択により、当該国の補助金等を相対値基準の計算上の分母・分子に算入することが可能です。ただし、分子に算入する国の補助金の額は、受入寄附金総額から「②の金額」を控除した金額が限度となります（分母には国の補助金等の額の全額を算入します）。

ロ　国等からの委託事業費
ハ　法令にもとづく事業の対価のうち、国または地方公共団体の負担分（たとえば、介護報酬の国・地方公共団体の負担分）
ニ　資産売却による臨時収入
ホ　遺贈等による寄附金のうち一者当たりの基準限度超過額
ヘ　1,000円未満の寄附金
ト　寄附者の氏名（法人にあっては、その名称）およびその住所が明らかでない寄附金

> **知っ得コラム**
>
> ### 小規模法人の特例
>
> 　この特例を選択適用できる法人は、実績判定期間における総収入金額に12を乗じて、これを実績判定期間の月数で除した金額が800万円未満で、かつ、実績判定期間において受け入れた寄附金の額の総額が3,000円以上である寄附者（役員または社員を除きます）の数が50人以上である法人です。
>
> 　小規模法人においても、国の補助金等を受けている場合は、選択により当該国の補助金等を相対基準計算上の分母・分子に算入することが可能です（前ページ㋐の（注）を参照）。

【②の金額】

　次に掲げる金額の合計額です。
- 一者あたり基準限度超過額
- 1,000円未満の寄附金
- 寄附者の氏名（法人にあっては、その名称）およびその住所が明らかでない寄附金

　ここで、「一者あたり基準限度超過額」とは、同一の者からの寄附金の額の合計額のうち、受入寄附金総額の100分の10を超える部分の金額をいいます。ただし、他の認定ＮＰＯ法人等からの寄附金については、同一の法人からの寄附金の額の合計額のうち、受入寄附金総額の100分の50を超える部分の金額となります。

【③の金額】

　社員から受け入れた会費の合計額から、共益的活動に係る部分の金額を控除した金額です。

絶対値基準とは

「絶対値基準」とは、実績判定期間内の各事業年度中の寄附金の額の総額が3,000円以上である寄附者の数の合計額が、年平均100人以上であることを求める基準です。

$$\frac{実績判定期間内の各事業年度中の寄附金の額の総額が3,000円以上の寄附者の合計人数}{実績判定期間の月数} \times 12 \geq 100人$$

寄附者の人数については、寄附者の氏名（法人にあっては、その名称）およびその住所が明らかな寄附者のみを数えます。また、寄附者数の算出に当たっては、寄附者本人と生計を一にする者を含めて1人として数えます。ただし、申請法人の役員およびその役員と

◎絶対値基準を満たすケースとは◎

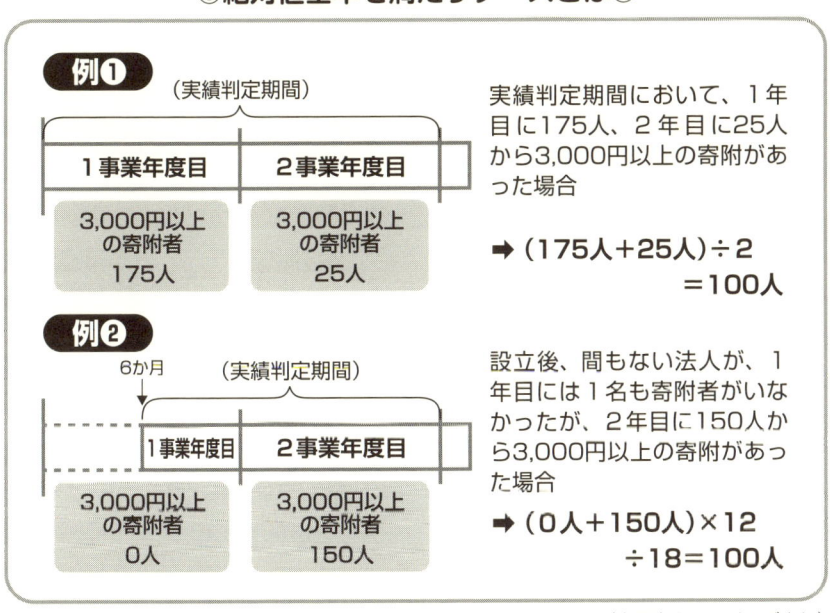

例❶

（実績判定期間）

1事業年度目	2事業年度目
3,000円以上の寄附者 175人	3,000円以上の寄附者 25人

実績判定期間において、1年目に175人、2年目に25人から3,000円以上の寄附があった場合

➡ （175人＋25人）÷2
　　＝100人

例❷

6か月 （実績判定期間）

1事業年度目	2事業年度目
3,000円以上の寄附者 0人	3,000円以上の寄附者 150人

設立後、間もない法人が、1年目には1名も寄附者がいなかったが、2年目に150人から3,000円以上の寄附があった場合

➡ （0人＋150人）×12
　　÷18＝100人

（内閣府ホームページより）

> **知っ得コラム**
>
> ## 寄附金とは
>
> 「寄附金」とは、「支出する側に任意性があること」および「直接の反対給付がないこと」の2つの要件を満たすものをいいます。名称が賛助金や助成金といったものであっても、この要件を満たせば寄附金になることがあります。
>
> ちなみに、「支出する側に任意性があること」とは、寄附金（物品）を出す寄附者自身が、出すか出さないかを自由に決定でき、かつ、その金額を自由に決めることができることをいいます。
>
> また、「直接の反対給付がないこと」とは、寄附者が、支出した寄附金の代わりに、一般に流通するような商業的価値をもつ物品やサービスなどを受け取らないことをいいます。したがって、お礼状や活動報告、無料の会報など、商業的に一般に売買されていないようなものは、反対給付にはあたりません。

生計を一にする者が寄附者である場合は、これらの者は寄附者数に含めません。

条例個別指定とは

認定基準の条例個別指定とは、認定NPO法人として認定を受けるための申請書を提出した日の前日において、都道府県または市区町村の条例により、個人住民税の寄附金税額控除の対象となる法人として個別に指定を受けていること（その都道府県または市区町村の区域内に事務所を有するNPO法人に限ります）を求める基準です。

ただし、認定申請書を提出する前日において条例の効力が生じている必要があります。

5-4 認定等を受けるための申請手続きのしかた

「認定」を受けようとする場合は

認定NPO法人として認定を受けようとするNPO法人は、所轄庁の条例で定めるところにより、次の①～③の書類を添付した申請書を所轄庁に提出して、認定を受けます。

> ① 実績判定期間内の日を含む各事業年度の寄附者名簿（寄附金の支払者ごとの氏名（法人の名称）と住所ならびに寄附金の額、受け入れた年月日を記載したもの）
> ② 認定の基準に適合する旨を説明する書類および欠格事由に該当しない旨を説明する書類
> ③ 寄附金を充当する予定の具体的な事業の内容を記載した書類

◎認定NPO法人が認定を受けるしくみと流れ◎

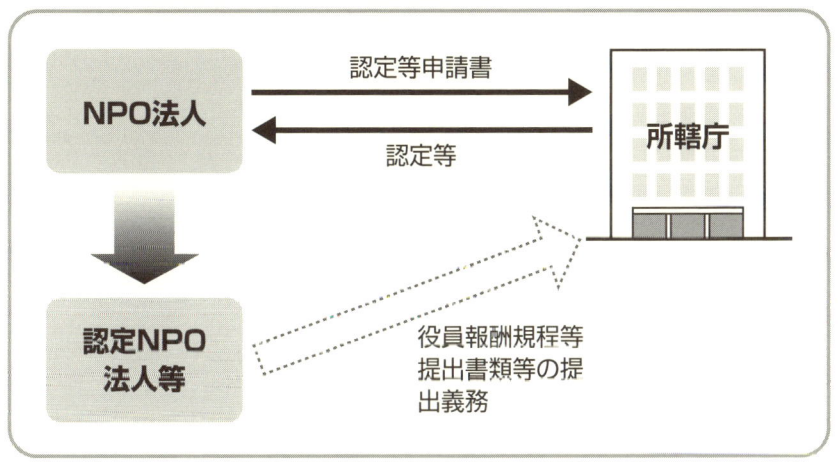

NPO法人 —認定等申請書→ 所轄庁
NPO法人 ←認定等— 所轄庁
↓
認定NPO法人等 —役員報酬規程等提出書類等の提出義務→ 所轄庁

（内閣府ホームページより）

また、認定の申請書の提出は、申請書を提出した日を含む事業年度開始の日において、設立の日以後1年を超える期間が経過している必要があります。
　なお、認定の有効期間は前述したように、所轄庁による認定の日から起算して5年です。

「仮認定」を受けようとする場合は

　仮認定ＮＰＯ法人として仮認定を受けようとするＮＰＯ法人は、所轄庁の条例で定めるところにより、次の①および②の書類を添付した申請書を所轄庁に提出して、仮認定を受けます。

①仮認定の基準に適合する旨を説明する書類および欠格事由に該当しない旨を説明する書類
②寄附金を充当する予定の具体的な事業の内容を記載した書類

　ただし、仮認定の申請ができるＮＰＯ法人は、次に掲げる基準に適合する必要があります。

①仮認定の申請書を提出した日を含む事業年度開始の日において、設立の日以後1年を超える期間が経過していること
②仮認定の申請書を提出した前日において、その設立の日から5年を経過しない法人であること
③認定または仮認定を受けたことがないこと

　なお、平成24年（2012年）4月1日から起算して3年を経過する日までの間は、ＮＰＯ法人の設立から5年を経過した法人であっても、仮認定の申請を行なうことができます。
　また、仮認定の有効期間は前述したように、所轄庁による仮認定の日から起算して3年です（仮認定の有効期間の更新はありません）。

認定の有効期間の更新を受けようとする場合は

認定の有効期間の更新を受けようとする認定ＮＰＯ法人は、有効期間の満了の日の６か月前から３か月前までの間に、所轄庁の条例で定めるところにより、次の①と②の書類を添付した有効期間の更新の申請書を所轄庁に提出し、有効期間の更新を受けることとなります。

①認定の基準に適合する旨を説明する書類および欠格事由に該当しない旨を説明する書類
②寄附金を充当する予定の具体的な事業の内容を記載した書類

なお、認定の有効期間の更新がされた場合の認定の有効期間は、従前の認定の有効期間の満了の日の翌日から起算して５年となります。

認定ＮＰＯ法人等の提出書類と情報公開

認定ＮＰＯ法人等は、所轄庁の条例で定めるところにより、毎事業年度に１回、役員報酬規程等や事業報告書等を所轄庁（２以上の都道府県の区域内に事務所を設置する認定ＮＰＯ法人等にあっては、所轄庁および所轄庁以外の関係知事）に提出しなければなりません。

また、認定ＮＰＯ法人等は、以下の書類について閲覧の請求があった場合には、正当な理由がある場合を除いて、これをその事務所において閲覧させなければなりません。

①事業報告書等
②役員名簿
③定款等
④認定等の申請書に添付した認定等の基準に適合する旨を説明する書類および欠格事由に該当しない旨を説明する書類

⑤認定等の申請書に添付した寄附金を充当する予定の具体的な事業の内容を記載した書類
⑥前事業年度の役員報酬または職員給与の支給に関する規程
⑦前事業年度の収益の明細など
⑧上記⑦のほか、特定非営利活動促進法施行規則32条2項で定める書類
⑨助成金の支給の実績を記載した書類
⑩海外への送金または金銭の持出し（その金額が200万円以下のものを除く）を行なうときの金額および使途ならびにその予定日を記載した書類

なお、所轄庁においても、認定NPO法人等から提出を受けた事業報告書等（過去3年間に提出を受けたものに限ります）の書類について、閲覧または謄写の請求があったときは、所轄庁の条例で定めるところにより、これを閲覧させ、または謄写させなければならないこととされています。

知っ得コラム 認定NPO法人のメリット

認定NPO法人になると、税制上の措置以外にも、以下のようなメリットがあります。
①認定を受けるために経理や組織のあり方を見直すことで、内部管理がよりしっかりします。
②認定を受けるために、よりいっそう進んだ情報公開を行なったり、適切な業務運営を行なうことにより、社会からの認知度や信用が高まります。

6章

一般社団法人の特徴と組織のしくみ

あなたが知りたいことは？

◎一般社団法人とは？　⇨ 130ページ

◎一般社団法人のメリットは？　⇨ 132ページ

◎社員の権限と役割は？　⇨ 136ページ

◎理事の権限と役割は？　⇨ 141ページ

◎役員の報酬はどのように決めるの？　⇨ 150ページ

6-1 一般社団法人とはどんな団体か

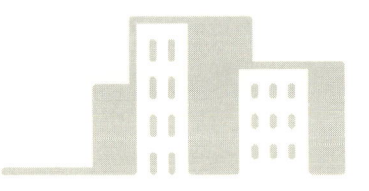

「一般社団法人」とは

「社団」とは、人の集まりのことをいいます。「社団法人」は、この人の集まりに法人格を与えたもので、「一般社団法人及び一般財団法人に関する法律」にもとづいて設立された社団法人が「**一般社団法人**」です。

「法人格」とは、個人のように権利や義務の主体となることができる団体のことで、取引の主体になることができ、法人名義の財産を所有したり、登記を行なうこともできます。この点で、法人格をもたない「任意団体」とは大きく異なります。法人格をもたない町内会のような団体を、一般的には任意団体、法律的には「権利能力なき社団」といいます。

◎社団法人・財団法人の「一般」と「公益」の違い◎

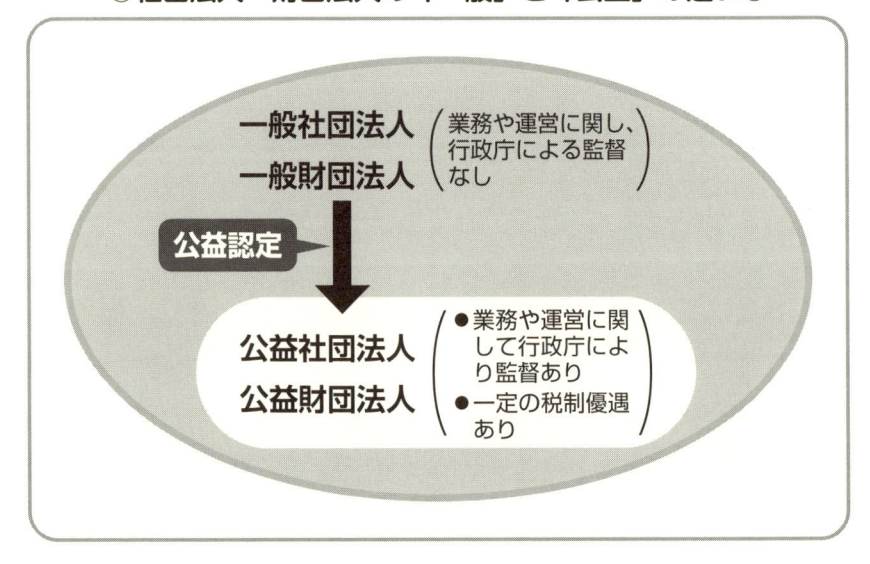

- 一般社団法人
- 一般財団法人（業務や運営に関し、行政庁による監督なし）

↓ 公益認定

- 公益社団法人
- 公益財団法人
  - ●業務や運営に関して行政庁により監督あり
  - ●一定の税制優遇あり

◎関連法律の参照条文◎

一般社団法人及び一般財団法人に関する法律第11条
（定款の記載又は記録事項）
第11条　一般社団法人の定款には、次に掲げる事項を記載し、又は記録しなければならない。
① 目的
② 名称
③ 主たる事務所の所在地
④ 設立時社員の氏名又は名称及び住所
⑤ 社員の資格の得喪に関する規定
⑥ 公告方法
⑦ 事業年度
2　社員に剰余金又は残余財産の分配を受ける権利を与える旨の定款の定めは、その効力を有しない。

会社法第105条
（株主の権利）
第105条　株主は、その有する株式につき次に掲げる権利その他この法律の規定により認められた権利を有する。
① 剰余金の配当を受ける権利
② 残余財産の分配を受ける権利
③ 株主総会における議決権
2　株主に前項第1号及び第2号に掲げる権利の全部を与えない旨の定款の定めは、その効力を有しない。

　一般社団法人のうち、「公益目的事業」を行なうものは、内閣総理大臣または都道府県知事の認定を受けることによって、**「公益社団法人」**となることができます（一般財団法人の場合も同様です）。

　一般社団法人の**「社員」**とは、一般社団法人を構成する人のことをいいますが、個人に限らず、法人も社員となることができます。

　一般的には、社員というとその法人で働く従業員のようなイメージですが、一般社団法人の場合には、社員総会で議案を提出したり、議決に参加したりすることのできる者を指します。一般社団法人の設立時に必要な社員数は2名以上です。

　ただし、法人成立後は社員が1人になっても、解散しなくてもよいため、"1人一般社団法人"としての存在は認められます。

6-2 一般社団法人にはどんなメリットがあるか

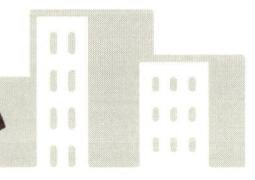

　一般社団法人には、次ページ図のようなメリットがあります。それぞれについてみていきましょう。

①事業に制限がなく、短期間で事業を開始できる

　NPO法人とは違って、一般社団法人には事業目的について原則として制限がないため、収益事業を行なうことができます。また、登記のみで設立が可能なため、認証が必要なNPO法人と比較しても短期間で事業をスタートできます。

②手続きや運営が簡単

　一般社団法人では、社員は2名からで足り、設立に当たって官庁の許認可は不要です。また、設立後も監督官庁がないため、NPO法人とは異なり監督官庁への報告等の書類作成が不要です。

③株式会社と比べ費用負担が少ない

　一般社団法人を設立するときに、財産は必要ありません。基金制度を採用することができ、出資金も不要で、社員は一般社団法人の債務について責任を負いません。
　また、設立時の登録免許税は株式会社よりも安くなっています（株式会社だと15万円、一般社団法人は6万円）。

④税法上のメリットがある

　非営利型・共益活動型で一般社団法人を設立することにより、税金について一定のメリットを受けることが可能になります（8章参照）。

◎一般社団法人にすることのメリット◎

① 事業に制限がなく、短期間で事業を開始できる
② 手続きや運営が簡単
③ 株式会社と比べ費用負担が少ない
④ 税法上のメリットがある
⑤ 法人名義で銀行口座の開設、不動産等の契約ができる
⑥ 国や地方自治体と契約する場合に有利
⑦ 社会的信用が得られる

⑤法人名義で銀行口座の開設、不動産等の契約ができる

　法人格がないと、代表者個人の名義で登記をしたり、銀行口座の開設をするため、団体と個人の資産の区分が困難になり、代表者が代わると団体の運営・存続に支障をきたすこともあります。

　また、法人格がないと団体名（任意団体）では契約を締結できないこともありますが、契約締結を個人名ですると当該個人が責任を負うおそれがあり、また変更も大変です。一般社団法人として法人格を取得することにより、対外的な権利義務関係が明確になります。

⑥国や地方自治体と契約する場合に有利

　国や地方自治体と契約する場合、株式会社や合同会社よりも有利といえます。行政機関が外部と契約する場合は、営利法人よりも非営利法人のほうが契約しやすいという面があるからです。

⑦社会的信用が得られる

　一般社団法人は、法に定められた法人として運営することにより組織の基礎がしっかりとするため、任意団体と比べて社会的信用が得られます。

6-3

一般社団法人には こんなデメリットがある

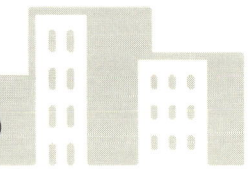

一般社団法人には、下図のようなデメリットがあります。それぞれについてみていきましょう。

①認知度や社会的信用力が見劣りする

一般社団法人は、認知度の面でまだあまり知られていないうえに、従来の社団法人のように認定法人ではありません。また、ＮＰＯ法人のように認証制度もないので、社会的信用力に欠けると考えられます。

②公益認定を受けるには高いハードルがある

一般社団法人で高い信用力をもたせたい場合は、公益認定を受けて公益社団法人になる必要があります。しかし、公益社団法人になるには高いハードルがあるため、非常に困難であるといわざるを得ません。

③利益の分配ができない

一般社団法人は非営利法人であるため、利益を構成員に分配することはできません。これはＮＰＯ法人と同様です。したがって、利

◎一般社団法人にすることのデメリット◎

①認知度や社会的信用力が公益社団法人等と比べ見劣りする
②公益認定を受けるには高いハードルがある
③利益の分配ができない

知っ得コラム　一般財団法人とどこが違う？

　一般社団法人は、「人の集まり」を法人としたものです。2名以上の設立者（社員）が「○○（目的）を行なうための法人をつくります！」と決め、所定の手続きを経て設立します。

　一方、一般財団法人は、「財産の集まり」を法人としたものです。設立者（1名以上）が300万円以上の財産を拠出して、「この財産を利用して○○（目的）を行なうための法人をつくります！」と決め、所定の手続きを経て設立し、拠出した財産を運用して事業を行ないます。

　一般財団法人には、拠出財産を維持・運用する人（機関）として、法人の意思決定をする評議員（会）があり、経営する人として理事を、その監査役として監事を選任し、法人経営を委任します。

	一般社団法人	一般財団法人
設立時の人数	設立時社員2名以上	設立者1名以上
財産	なし	設立時の最低拠出財産300万円以上 （※）2期連続して純資産額が300万円未満となった場合は解散
役員	理事1名以上	・理事3名以上 ・監事1名以上
会社の代表者	（代表）理事	代表理事
必須設置機関	理事、社員総会	理事、評議員（3名以上）、評議員会、理事会、監事 （※）理事の評議員、監事の兼務は不可
役員等の任期	理事2年以内	・理事2年以内 ・監事4年（定款で2年まで短縮可） ・評議員4年（定款で6年まで伸長可）
決算公告	必要	必要

益の分配を考えている場合は、株式会社や合同会社にするほうがよいといえます。

6-4

一般社団法人に必要な組織「社員」の権限と役割

「社員」は「従業員」とは意味が異なる

一般社団法人の機関については、下表のようになっています。

	名称	役割など
必置機関	社員総会	一般社団法人の意思決定機関
	理事	一般社団法人の業務執行機関
定款で作成できる機関	理事会	最低でも1人、理事会を設置するときは3人以上必要
		理事全員で組織する合議機関
		理事会を設置する際には代表理事を定めなければならない
	監事	理事または理事会が適正に業務を行なっているかを監視する役割
		理事会または会計監査人を設置する場合には必置
	会計監査人	計算書類や附属明細書などの監査を行なう
		公認会計士か監査法人でなければならない

ここでは、まず「社員」についてみていきましょう。

一般社団法人でいう「社員」とは、前述しましたが一般的な意味合いの「従業員」ではありません。

一般社団法人の「社員」とは、社員総会において議案を提出したり、その議決に参加し、議決権を行使する者をいいます。株式会社でいう**「株主」に似た立場**といえます。

社員総会は、一般社団法人の重要事項を決定するための最も重要な機関であり、一般社団法人の定款を変更したり、社員の退会を求めたりできる重要な機関です。

なお、一般社団法人を設立するときは、社員は2名以上必要となりますが、これが社団（人の集まり）といわれる所以です。

社員は、個人だけでなく、法人や団体でもなれます。

社員の退会や除名はできるか？

一般社団法人の社員は、定款でどんな制限を設けても、やむを得ない事由がある場合は、いつでも退会・退社（一般社団法人の社員ではなくなること）ができます。

また、一般社団法人法の規定（28条および29条）により、以下の場合には、退会理由とすることができます。

【本人の意思による退会以外の退会理由】
- 定款で定めた事由の発生
- 総社員の同意
- 本人の死亡または法人の解散
- 除　名

ここで「除名」とは、正当な事由がある場合に限って、社員総会の決議によってその社員を退会させることをいいます。除名する場合は、1週間前までにその社員に通知のうえ、弁明の機会を与えなければならないので注意してください。

「社員総会」の権限は理事会のある・なしで異なる

「社員総会」は、一般社団法人の「社員」で構成され、一般社団法人の「意思決定機関」です。

社員総会は、一般社団法人の重要事項等を決定する機関であり、株式会社における「**株主総会**」に似た**機関**ということができます。

社員総会の権限については、理事会を設置しているか、設置していないかによって異なります。

①理事会を設置していない一般社団法人の社員総会の権限
　次の事項について決議する権限を有します。
- 一般社団法人法に規定されている事項
- 一般社団法人の組織、運営管理その他一般社団法人に関する一切の事項

　一般社団法人の運営や組織など、ほぼすべての事項を社員総会で決めていくことになります。

②理事会を設置している一般社団法人の社員総会の権限
　次に関する事項のみ、決議する権限を有します。
- 一般社団法人法に規定する事項
- 定款で定めた事項

　理事会を設置している一般社団法人の業務の執行の決定は、理事会に委ねられています。
　なお、社員総会では、理事会を設置しているか否かに関わらず、社員に剰余金を分配する旨の決議をすることはできません。さらに、一般社団法人法の規定により、社員総会の決議を必要とする事項について、理事、または理事会等の機関が決定する旨の定款の定めは、その効力を有しません。

社員総会の手続きはどうなっているか

　社員総会には、定時社員総会と臨時社員総会の2つがあります。

- 定時社員総会…毎事業年度の終了後、一定の時期に招集・開催
- 臨時社員総会…定時社員総会とは別に、必要がある場合に随時招集するもの

　社員総会を招集する場合は、理事（理事会がある場合は理事会）が社員総会の日時および場所、社員総会の目的等を決定し、理事が

招集します。

【社員総会の招集通知】
　社員総会の招集は、理事が**社員総会の日の１週間前までに**、社員に対してその通知をしなければなりません（理事会を設置していない一般社団法人は、定款でこれを下回る期間を定めることも可能です）。
　なお、社員に書面または電磁的記録の方法による議決権の行使を認める場合は、社員総会の日の２週間前までにその通知をしなければなりません。

【社員総会の決議】
　社員総会においては、社員が行使できる議決権は、１人につき１個です。
　定款で、これと違う定めを置くことは可能ですが、社員総会において、決議する事項の全部につき社員が議決権を行使できない旨の定款の定めは効力がありません。
　社員総会の決議は、定款に別段の定めがある場合を除いて、総社員の議決権の過半数を有する社員が出席し、出席した社員の議決権の過半数をもって行ないます（定款で、これと異なる定めを置くことも可能です）。
　上記はいわゆる普通決議ですが、以下に該当する議案については、総社員の半数以上が出席し、出席した社員の議決権の３分の２以上に当たる多数をもって行なわなければなりません（定款で、これを上回る定めを置くこともできます）。

- 社員の除名
- 監事の解任
- 理事、監事、会計監査人の一般社団法人に対する損害賠償責任の一部免除

- ●定款の変更
- ●事業譲渡
- ●解散および継続
- ●合　併

【社員総会の議事録の作成】
　社員総会については、出席した理事・監事、または会計監査人の氏名、名称を内容とする議事録を作成しなければなりません。
　また、一般社団法人は、社員総会の日から10年間、議事録をその主たる事務所に備え付けておく必要があります。

6-5 一般社団法人に必要な組織 「理事」の権限と役割

理事にはどんな権限があるか

「理事」とは、法人の業務を執行する人のことをいいます。**株式会社の「取締役」に似た立場**といえます。

一般社団法人の理事の権限には、「業務執行権限」と「代表権限」の2つがあります。理事個人の権限の範囲は、その一般社団法人が理事会を設置しているか、していないかによって大きく変わります。

【理事の業務執行権限】
①理事会を設置していない場合（理事会非設置一般社団法人）

理事会を設置していない一般社団法人の理事は、定款の別段の定めがある場合を除いて、一般社団法人の業務執行権限を有します。

原則として、理事が2人以上いる場合は、理事の過半数をもって業務執行を決定します。

②理事会を設置している場合（理事会設置一般社団法人）

理事会を設置している一般社団法人の業務執行権限は、まず、業務執行の意思決定と、その業務遂行に分けることができます。

業務の意思決定は理事会に、その業務遂行は代表理事・業務執行理事がそれぞれ担当します。

- ●業務の意思決定 → 理事会
- ●業務執行　　　 → 代表理事・業務執行理事

この場合、個々の理事は、代表理事・業務執行理事に選定されない限り、理事会のメンバーを構成するにとどまり、それぞれは業務執行権限を有しません。つまり、当法人業務の意思決定を行なうメ

ンバーの一員であるだけ、ということになります。

【理事の代表権限】
①**理事会を設置していない場合（理事会非設置一般社団法人）**
　理事会を設置していない一般社団法人における代表権限は、各理事にあります。したがって、理事会非設置型の一般社団法人の理事は、選定手続きを経ることなく、当然に代表理事になります。
　理事が2人以上いる場合は、業務執行権限とは異なり、理事は各自、一般社団法人を代表します。
　なお、その代表権限は、一切の裁判上、裁判外の権限に及ぶので、そこに制約を加えたとしても、善意の第三者には対抗できないので注意が必要です。
②**理事会を設置している場合（理事会設置一般社団法人）**
　理事会を設置している一般社団法人についての代表権限は、理事のなかから代表理事に選定された者のみが有します。選定されなかった理事は、代表権限を有しません。
　なお、理事全員を代表理事に選定することも可能ですが、その場合は、理事会非設置型の一般社団法人とほぼ同様の規制が入ります。

理事の義務とは

　一般社団法人の理事は、民法の委任の規定に従います。したがって、理事は、一般社団法人に対し、**委任契約にもとづいて善良なる管理者としての注意義務**を負います。
　また、理事は、このほかに法令、定款、社員総会の決議を遵守し、一般社団法人のために忠実に職務を行なう義務もあります。

理事の責任とは

　理事が任務を怠った場合は、一般社団法人に対し、これによって生じた損害を賠償する責任を負います。
　なお、理事の一般社団法人に対する任務懈怠責任については、以

下の方法により免除または制限をすることができます。

- 総社員の同意による免除
- 社員総会の決議による一部免除
- 定款の定めにもとづく理事等による一部免除（登記が必要）
- 定款の定めにもとづく契約による外部役員等の責任の制限（登記が必要）
- 理事（代表理事）の選任と解任

理事の選任の方法

理事は、社員総会の普通決議によって選任します。

【代表理事の選定】
①理事会を設置していない場合（理事会非設置一般社団法人）

理事会を設置していない一般社団法人については、他に代表理事その他一般社団法人を代表する者を定めた場合を除いて、各理事が代表理事になります。

なお、以下のいずれかの方法によって、理事のなかから代表理事を定めることができます。
- 定款
- 定款の定めによる理事の互選
- 社員総会の決議

②理事会を設置している場合（理事会設置一般社団法人）

理事会を設置している一般社団法人については、理事会で、理事会のなかから代表理事を選定します。

理事の解任と任期

理事は、いつでも社員総会の決議によって、解任することができます。

また、理事の任期は、選任後2年以内に終了する事業年度のうち、最終のものに関する定時社員総会終結のときまでです。なお、定款または社員総会の決議によって、任期は短縮することも可能です。

理事会の構成と招集権者

「理事会」は、全理事で構成されます。理事会の職務については、以下のとおりです。

- 理事会設置一般社団法人の業務執行の決定
- 理事の職務の執行の監督
- 代表理事の選定およびその解職

なお、代表理事は、理事のなかから選任されなければなりません。

理事会は、重要な業務執行の決定を理事に委任することはできず、一般社団法人法90条4項では、次のように定められています。

【理事会が理事に委任することができない事項】
- 重要な財産の処分および譲受け
- 多額の借財
- 重要な使用人の選任および解任
- 従たる事務所その他の重要な組織の運営
- 理事の職務の執行が法令および定款に適合することを確保するための体制、その他一般社団法人の業務の適正を確保するために必要なものとして法務省令で定める体制の整備
- 役員等の損害賠償責任の免除

定款に、理事会から理事へ委任する旨の事項を定める場合は、以上のことに注意してください。

理事会の招集は、定款・理事会で招集権者を定めない限り、各理

事が行ないます。

招集権者は、**理事会の日の１週間**（定款でこれを下回る期間を定めた場合はその期間）**前までに**、各理事に対してその通知をしなければなりませんが、各理事および監事の全員の同意があるときは、招集の手続きを経ることなく開催することができます。

なお、定款・理事会で特定の者を招集権者として定めた場合でも、招集権者以外の理事は、招集権者に対し、理事会の目的である事項を示して、理事会の招集を請求し、請求があった日から５日以内に、請求があった日から２週間以内の日を理事会の日とする理事会の招集の通知が発せられない場合には、その請求をした理事は、自ら理事会を招集することができます。

理事会の議題と議事録の作成

理事会の議題は、次のとおりです。

①**決議事項**
②**報告事項**

①の決議事項は定款の定めによって、②の報告事項は理事、監事、会計監査人が理事および監事の全員に対して報告すべき事項を通知することによって、それぞれ省略することができます。

ただし、代表理事・業務執行理事は、定款に別段の定めがない場合、３か月に１回以上、自己の職務の執行の状況を理事会に報告しなければなりません。

なお、定款で毎事業年度に４か月を超える間隔で２回以上、その報告をしなければならない旨を定めることも可能です。

【理事会の決議要件】

理事会の決議は、原則として、議決に加わることができる理事の過半数が出席して、その過半数で行ないます（これを上回る割合を

定款で定めることも可能です）。

　ただし、社員総会とは異なり、理事会の決議については、特別利害関係者である理事は議決に加わることはできません。

【理事会の決議の省略】
　理事会を設置している一般社団法人は、理事が理事会の決議の目的である事項について提案をした場合において、当該提案につき理事（当該事項について議決に加わることができる者に限る）の全員が書面または電磁的記録により同意の意思表示をしたとき（監事が当該提案について異議を述べたときを除く）は、当該提案を可決する旨の理事会の決議があったものとみなす旨を定款で定めることができます。
　なお、上記の定款の定めにもとづいて、理事会の決議があったものとみなされた場合には、決議があったものとみなされた事項等を内容とする議事録を作成しなければなりません。

【理事会の議事録の作成】
　理事会の議事については、以下の事項を内容とする議事録を作成しなければなりません。

- 理事会が開催された日時および場所
- 議事の経過の要領およびその結果等

　作成した議事録には、出席した理事（定款で議事録に署名し、または記名押印しなければならない者を当該理事会に出席した代表理事とする旨を定めている場合にあっては、当該代表理事）および監事は、これに署名するか、または、記名押印しなければなりません。

6-6 「監事」「会計監査人」の職務と選任

「監事」の職務とは

監事は、**理事または理事会が適正に業務を行なっているかを監視する役割**を果たします。したがって、いつでも理事や使用人に対して、事業の報告を求めたり、財産の状況の調査をすることができます。

監事の職務については、一般社団法人法で「監事は、理事の職務の執行を監査する。この場合において、監事は、法務省令で定めるところにより、監査報告を作成しなければならない」と定められています。

また、監事には、理事会への出席義務があります。

なお、監事を設置しない一般社団法人については、理事相互の職務分担によって、または、社員総会が直接に監視機能を担う必要があります。

監事の選任・任期・解任

監事は、社員総会の普通決議によって選任します。

監事の任期は、「選任後4年以内に終了する事業年度のうち最終のものに関する定時社員総会の終結時まで」とされています。

ただし、定款によって、これを「選任後2年以内に終了する事業年度のうち最終のものに関する定時社員総会の終結の時まで」とすることを限度として、短縮することができます。

また、任期の満了前に退任した監事の補欠者の任期については、定款によってこれを「退任した監事の任期の満了する時まで」とすることができます。

監事を解任する社員総会の決議は、理事を解任する場合とは異な

り、特別決議を要します。

なお、定款に監事を設置する旨の定めを置いた一般社団法人を「**監事設置一般社団法人**」と呼びますが、以下の３つの類型の一般社団法人は、必ず監事を置かなければなりません。

- 理事会設置一般社団法人（理事会を設置している一般社団法人）
- 会計監査人設置一般社団法人（会計監査人を設置している一般社団法人）
- 大規模一般社団法人

「会計監査人」の職務と選任・任期・解任

会計監査人の設置は任意ですが、「**大規模一般社団法人**」に該当する場合には会計監査人が必置になります。

ここで「大規模一般社団法人」とは、最終事業年度にかかる貸借対照表の負債の部に計上した額の合計額が200億円以上である一般社団法人をいいます。

なお、会計監査人を設置する場合には、監事を置かなければならず、その資格は公認会計士または監査法人でなければなりません。

【会計監査人の職務】

会計監査人は、会計に関する書類（法第123条２項に規定する計算書類等）の監査を行ないます。

また、会計監査人はその職務を行なうに際して、理事の職務の執行に関し、不正の行為または法令もしくは定款に違反する重大な事実があることを発見したときは、監事に報告する義務を負います。

【会計監査人の選任・解任】

会計監査人は、理事や監事と同様に、社員総会の決議により選任

◎一般社団法人における社員総会以外の機関の組合せ◎

	理事会設置一般社団法人 （監事→設置強制）	それ以外
大規模一般社団法人 （監事・会計監査人→ 設置強制）	理事会＋監事 ＋会計監査人	理事会＋監事 ＋会計監査人
それ以外	●理事会＋監事 ●理事会＋監事 　＋会計監査人	●理事 ●理事＋監事 ●理事＋監事 　＋会計監査人

や解任がされます。なお、監事を設置している一般社団法人は、社員総会に会計監査人の選任や解任に関する議案を提出するためには、監事（監事が2人以上いる場合にはその過半数）の同意を得なければなりません。

　監事は、会計監査人が職務上の義務を果たさず、または、職務を怠った場合は、その会計監査人を解任できる権限をもっています。

【会計監査人の任期】

　会計監査人の任期は、選任後1年以内に終了する事業年度のうち、最終のものに関する定時社員総会の終結の時までです。

　その定時社員総会において別段の決議がされなかったときは、当該定時社員総会において再任されたものとみなされます。

6-7 役員の報酬はどうしたらよいか

「理事」の報酬の決め方

　理事の報酬（報酬・賞与その他の職務執行の対価として法人から受ける財産上の利益）は、定款もしくは社員総会の決議によって定めます。

　定款または社員総会の決議においては、理事が1名の場合も複数名の場合も、理事全員に対する総額（上限）のみを定めます。理事が複数の場合、各理事に対する具体的な配分は、法人の利害には関わってこないためです。

　なお、理事が複数の場合の具体的な配分は、理事会の決議や特定の理事の決定によることも可能です。一般的には、定款に直接記載する方法は取らず、社員総会の決議で定めることが多くなっています。

「監事」の報酬の決め方

　監事の報酬についても、定款または社員総会の決議によって定めます。監事は、監査機関として独立性を保つ必要があるので、理事の報酬等として、一括で決議することは認められていません。**理事とは別に決議する必要があります。**

　理事とは異なり、各監事は社員総会において報酬等についての意見を述べることができます。

　なお、監事が複数いる場合の具体的な配分については、定款や社員総会の決議がないときには、監事の協議によって定めることになります。

> **知っ得コラム**
>
> ## 役員の欠格事由
>
> 　一般社団法人における社員総会以外の機関である「役員」とは、「理事」「監事」をいいます（会計監査人は役員には含まれません）。
> 　役員になれない者としては、一般社団法人法では次のように定められています。
> ①法人
> ②成年被後見人もしくは被保佐人、または外国の法令上これらと同様に扱われている者
> ③一般社団法人法もしくは会社法の規定に違反し、または民事再生法、外国倒産処理手続きの承認援助に関する法律、会社更生法、破産法上の罪を犯し、刑に処せられ、その執行を終わり、またはその執行を受けることがなくなった日から２年を経過しない者
> ③上記②に規定する法律の規定以外の法令の規定に違反し、禁錮以上の刑に処せられ、その執行を終わるまで、または、その執行を受けることがなくなるまでの者
> 　なお、監事は、一般社団法人またはその子法人の理事または使用人を兼ねることはできません。

「会計監査人」の報酬の決め方

　会計監査人の報酬については、理事・監事とは異なり、定款もしくは社員総会の決議による必要はありません。
　ただし、会計監査人の独立性を保つためにも、会計監査人の報酬等を定める場合には、監事（監事が２人以上いる場合にはその過半数）の同意を得ておかなければなりません。

公益認定と役員の報酬

　一般社団法人が公益認定を受けるためには、理事・監事に対する報酬について、「民間事業者の役員の報酬等および従業員の給与、当該法人の経理の状況その他の事情を考慮して、不当に高額とならないような支給基準」を定めなければなりません。

　また、公益法人が当該支給基準を設定したり、廃止したときは、それを公表しなければならず、さらにはその基準に従って報酬等を支給しなければなりません。

6-8 「基金」制度の利用のしかた

一般社団法人の「基金」とは

「基金」とは、一般社団法人（一般社団法人の成立前にあっては、設立時社員）に拠出された金銭その他の財産であって、当該一般社団法人が拠出者に対して法律、および当該一般社団法人と当該拠出者との間の合意の定めるところに従い、返還義務（金銭以外の財産については、拠出時の当該財産の価額に相当する金銭の返還義務）を負うものとされています。

基金制度は、剰余金の分配を目的としないという一般社団法人の基本的性格を維持しながら、**その活動の原資となる資金を調達し、その財産的基礎の維持を図る**ための制度です。

基金は絶対に必要なものではなく、基金の設置、非設置は任意に定めることができます。基金を設置する場合は、定款にその旨の定めを置く必要があります。

なお、基金制度を**一度でも採用した場合、それを廃止することはできない**ので注意が必要です。

基金制度を採用するときの手続き

基金制度を採用する場合は、基金の拠出者に関する規定や基金の返還手続きの方法などを定款に定めておかなければなりません。

基金の額については、制限はありません。また、金銭以外のもの（不動産や動産）も基金とすることができます。

基金の募集方法とその拠出の方法

基金を募集する場合、そのつど、募集にかかる基金の総額等、募集事項を定め、募集に応じて基金の拠出を行なおうとする者に対し、

◎**基金の募集事項**◎（一般社団法人法132条）

- **募集**にかかる基金の総額
- 金銭以外の財産を拠出の目的とするときは、その旨、ならびに当該財産の内容およびその価格
- 基金の拠出にかかる金銭の払込み期日または期間

募集事項を通知しなければなりません。なお、募集事項を定めるには**社員全員の同意が必要**になります。

　基金の拠出をする人は、募集事項等に記載されている期日内に、自分が拠出する基金を払い込みます。

基金の返還についての取扱い

　事業年度にかかる貸借対照表上の純資産の額が、基金等の合計額を超える場合は、その事業年度の次の事業年度に関する定時社員総会の日の前日までの期間に限り、その超過額を返還の限度額として、基金の返還をすることができます。

　ただし、基金の返還にかかる債権には、利息を付けることはできません。

　また、基金を返還するには、**定時社員総会の決議が必要**となります。

7章

一般社団法人の設立手続きのしかた

あなたが知りたいことは？

◎一般社団法人を設立するための条件は？　⇒ 156ページ
◎一般社団法人の設立手続きの流れは？　⇒ 158ページ
◎定款に記載すべき事項とは？　⇒ 161ページ
◎定款のモデル例は？　⇒ 164ページ
◎設立の際に必要となる書類は？　⇒ 172ページ

7-1 一般社団法人の設立のための条件とは

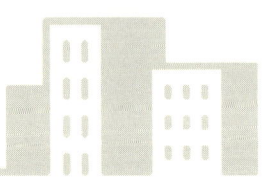

一般社団法人の設立要件

　一般社団法人は、その名称に「**一般社団法人**」という**文字を使用**しなければなりません。たとえば、「ぎょうせい一般社団法人」のように、法人名を前にもってきても、「一般社団法人ぎょうせい」のように後にもってきてもかまいません。

　ただし、名称中に「一般社団法人　公益ぎょうせい」などと他の法人と誤認されるような名称を使うことはできません。また、同じ名称、同じ所在場所での登記はできません。

　次に、**社員2名以上**が必要です。この2名以上という要件は設立時のもので、設立後に社員が1名だけになっても、その一般社団法人は解散しなければならないわけではありません。しかし、社員が1名もいなくなったときは、一般社団法人は解散します。なお、法人も一般社団法人の社員となることができます。

　さらに、一般社団法人の**定款**は**設立時の社員が作成**し、**公証人の認証**を受けなければなりません。

　設立登記の申請は、主たる事務所を管轄する法務局で行なう必要があります。

「機関」についての主な要件

　一般社団法人には、**社員総会**と**理事（1名以上）**を必ず置かなければなりません。

　ただし、大規模一般社団法人（貸借対照表の負債の部の合計額が200億円以上の法人）の場合は、**理事会**を設置する必要があります。理事会は、理事（3人以上）、監事（1人以上）、会計監査人（1人以上）で構成されます。

また、理事等は、社員総会の決議によって選任しなければなりません。

「運営」「その他」についての主な要件

まず、社員や設立者に、剰余金、残余財産を受ける権利を与えることはできません。

一般社団法人は、行政に監督されることがなく、簡易な手続きで設立が可能ですが、そのかわり、**自主的、自立的な運営が必要**です。

また、事業年度ごとの計算書類、事業報告等の作成、事務所への備え置きおよび閲覧等による社員、評議員、債権者への開示が必要です。貸借対照表の公告（決算公告）も必要です。

7-2 一般社団法人の設立手続きの流れ

　一般社団法人の設立手続きは、以下の流れにそって進めていきます。

①一般社団法人の概要を決定する

　一般社団法人を設立するには、**2人以上の設立者**が必要になります。そして、一般社団法人名（名称）、主たる事務所、事業目的、設立者、役員（理事、監事）、事業年度、決算月などを決めます。

②定款を作成する

　定款は、設立時の社員が作成します。
　なお、一般社団法人の商号が決まったら、その段階で**印鑑**をつくっておくとよいでしょう。また、社員や理事などの印鑑証明書（発行から3か月以内のもの）も準備をしておきます。

③公証人の定款認証を受ける

　定款の認証を受ける公証役場は、主たる事務所がある都道府県内であればどこでも大丈夫です。認証の費用は約5万円です。

④設立時理事・監事・会計監査人の選任を行なう

　設立時理事等を定款で定めなかった場合には、設立時社員による設立時理事・設立時監事・設立時会計監査人の選任が必要です。なお、設立時監事と設立時会計監査人の設置は任意です。

⑤設立時代表理事の選定を行なう

　一般社団法人は、理事会を設置するかどうかを定款で定めること

◎**一般社団法人の設立までの流れ**◎

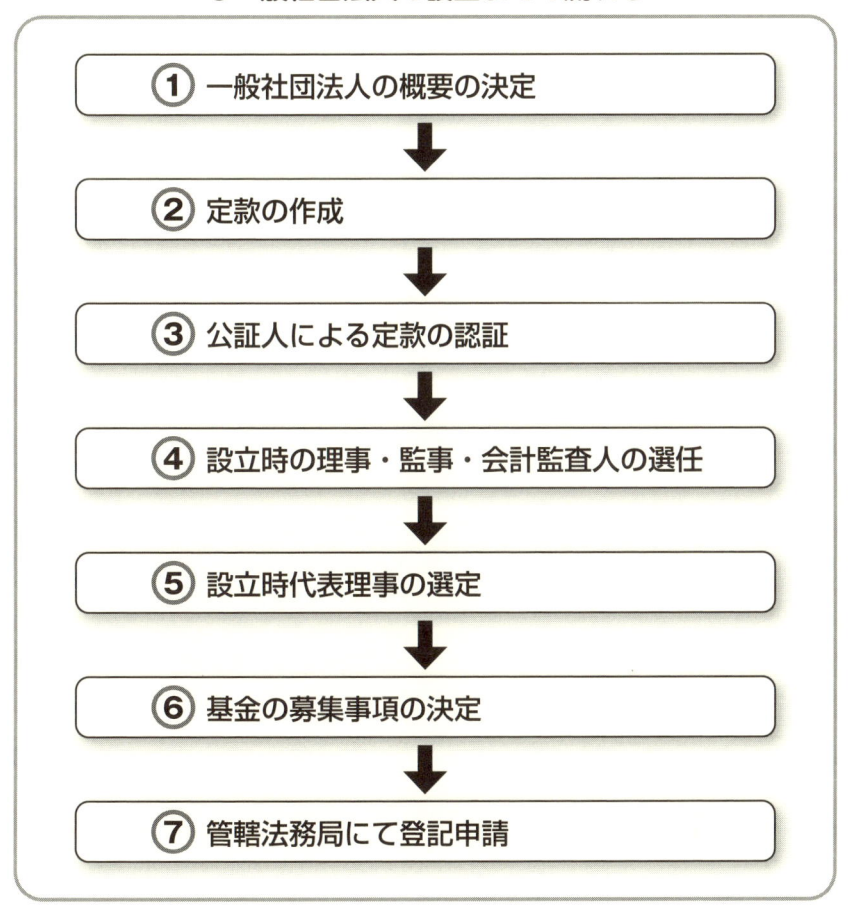

① 一般社団法人の概要の決定
　↓
② 定款の作成
　↓
③ 公証人による定款の認証
　↓
④ 設立時の理事・監事・会計監査人の選任
　↓
⑤ 設立時代表理事の選定
　↓
⑥ 基金の募集事項の決定
　↓
⑦ 管轄法務局にて登記申請

になっており、その設置の有無で以下のように扱いが異なります。
- **理事会設置一般社団法人**…設立するときに、代表理事の選定が必要になります。また、監事の設置も必要になります。
- **理事会非設置一般社団法人**…設立するときには、理事がそれぞれ代表となり、代表理事の選定をしないときは、理事全体について代表理事の登記を行ないます。

⑥ 基金の募集事項を決定する

基金の募集について、定款に定めがない場合は不要です。

⑦ 管轄法務局で登記申請を行なう

　主たる事務所のある住所地を管轄する法務局で、一般社団法人の設立登記の手続きを行ないます。その際、登録免許税として6万円が必要です。設立登記は、資本金の払込みがないこと以外は株式会社の手続きと同じです。

　なお、登記を申請した日が一般社団法人の設立日になるので、法務局が休みである土曜・日曜・祝日は一般社団法人の設立日とすることはできないので注意が必要です。

　一般社団法人を設立する場合、手続き自体は1週間程度で完了します。ただし、別途、法務局による登記期間があるので、登記簿謄本や印鑑証明書が取得できるまではゆとりをみて、2〜3週間はかかると考えてください。

7-3 定款の作成で気をつけること

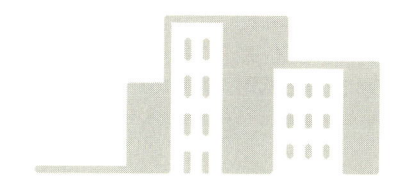

　一般社団法人を設立する場合は、社員になろうとする者が共同で定款を作成し、署名または記名・押印をします。作成した定款は、主たる事務所を管轄する公証役場で、公証人の認証を受けなければ効力は生じません。定款の記載事項には、次の3つがあります。

①**必要的記載事項**…必ず記載しなくてはいけない項目
②**相対的記載事項**…義務ではないが、一般社団法人法により、定款の定めがなければその効力を生じないと規定されている項目
③**任意的記載事項**…法的効力はないもののスムーズに法人経営を行なうための項目

「絶対的記載事項」とは

　定款の絶対的記載事項には以下の項目があります。

【目　的】

　法律上、一般社団法人の事業目的については、非営利目的、営利目的を問わず、特に制限はありません。公序良俗や法律に違反しない限りにおいては、どのような事業でも目的として定款に記載することができます。

【名　称】

　名称には「一般社団法人」という文字を入れます。

【主たる事務所の所在地】

　定款に記載する所在地は、最小行政区画（市区町村）までの記載で足ります。ただし、その際には、登記申請時に設立時社員による決議書で詳細な所在地について定めます。

【設立時社員の氏名または名称および住所】
　一般社団法人の設立に際しては、定款に設立時社員を特定することが必要になるため、設立時社員の氏名または名称および住所の記載が必要です。

【社員の資格の得喪に関する規定】
　社員となるための資格、入退社の手続き、退社事由などの定めを定款に記載します。

【公告の方法】
　公告の方法には、「官報に掲載する方法」「時事に関する事項を掲載する日刊新聞紙に掲載する方法」「電子公告」「主たる事務所の公衆の見やすい場所に掲載する方法（＝法人の掲示場に掲示する方法）」の4つがあります。

【事業年度】
　一般社団法人は、各事業年度に係る計算書類、事業報告、その他附属明細書を作成しますが、これらは事業年度ごとに行なうことになっているので、定款において、計算の基礎となる事業年度を記載します。

「相対的記載事項」とは

　相対的記載事項とは、定款の定めがなければ効力を生じない事項です。法律で規定されている相対的記載事項は、以下のとおりです。
- 設立時役員等の選任の場合における議決権の個数に関する別段の定め
- 経費の負担に関する定め
- 任意退社に関する定め
- 定款で定めた退社の事由
- 社員総会の招集通知期間に関する定め

- 議決権の数に関する別段の定め
- 社員総会の定足数に関する別段の定め
- 社員総会の決議要件に関する別段の定め
- 社員総会以外の機関の設置に関する定め
- 理事の任期の短縮に関する定め
- 監事の任期の短縮に関する定め
- 理事の業務の執行に関する別段の定め
- 代表理事の互選規定
- 代表理事の理事会に対する職務の執行状況の報告の時期・回数に関する定め
- 理事会の招集手続きの期間の短縮に関する定め
- 理事会の定足数または決議要件に関する別段の定め
- 理事会議事録に署名または記名・押印する者を理事会に出席した代表理事とする定め
- 理事会の決議の省略に関する定め
- 理事等による責任の免除に関する定め
- 外部役員等と責任限定契約を締結することができる旨の定め
- 基金を引き受ける者の募集等に関する定め
- 清算人会を置く旨の定め

「任意的記載事項」とは

任意的記載事項とは、記載がなくても定款の効力には影響はないが、団体において任意に記載できる事項で、以下のとおりです。
- 社員総会の招集時期　●社員総会の議長　●役員等の員数
- 理事の報酬　●監事の報酬　●清算人　●残余財産の帰属

なお、一般社団法人の社員に剰余金または残余財産を分配する権利を与える旨の定款の定めは無効です。

次ページ以降に「定款」のモデル例をあげておきました（小規模の非営利型一般社団法人の例）。170ページ以降は、簡易版です。

◎「定款」のモデル例◎

一般社団法人アニモ会定款

第1章 総則

（名　称）
第1条　当法人は、一般社団法人アニモ会と称する。
（主たる事務所）
第2条　当法人は、主たる事務所を東京都○○区に置く。

> 定款上は最小行政区画（市区町村）でもかまわないが、その場合は設立時社員の議決権の過半数により正確な所在地を定めます。

（目　的）
第3条　当法人は、○○することを目的とし、その目的に資するため、次の事業を行なう。
　(1)　○○○○
　(2)　○○○○
　(3)　○○○○
　(4)　前各号に掲げる事業に附帯又は関連する事業
（公　告）
第4条　当法人の公告は、東京都内において発行する○○新聞に掲載する方法による。

> 公告の方法は、①官報、②日刊新聞紙、③電子公告、④法人の主たる事務所の公衆の見やすい場所に掲示する方法の4つです。

第2章 社員

（入　社）
第5条　当法人の目的に賛同し、入社した者を社員とする。
2　社員となるには当法人所定の様式による申込みをし、代表理事の承認を得るものとする。
（経費等の負担）
第6条　社員は、当法人の目的を達成するため、それに必要な経費を支払う義務を負う。
2　社員は、社員総会において別に定める入会金及び会費を納入しなければならない。
（社員の資格喪失）
第7条　社員は、次の各号の一に該当する場合には、その資格を喪失する。

(1) 退社したとき
(2) 成年被後見人又は被保佐人になったとき
(3) 死亡し、もしくは失踪宣言を受け、又は解散したとき
(4) ○年以上会費を滞納したとき
(5) 除名されたとき
(6) 総社員の同意があったとき

(退　社)
第8条　社員は、いつでも退社することができる。ただし、1か月以上前に当法人に対して予告をするものとする。

(除　名)
第9条　当法人の社員が、当法人の名誉を毀損し、もしくは当法人の目的に反する行為をしたとき、又は社員としての義務に違反したときは、社員総会の特別決議によりその社員を除名することができる。

(社員名簿)
第10条　当法人は、社員の氏名又は名称及び住所を記載した社員名簿を作成する。

第3章　社員総会

(社員総会)
第11条　当法人の社員総会は、定時社員総会及び臨時社員総会とし、定時社員総会は、毎事業年度の終了後3か月以内に開催し、臨時社員総会は必要に応じて開催する。

(開催地)
第12条　社員総会は、主たる事務所の所在地において開催する。

(招　集)
第13条　社員総会の招集は、理事が過半数をもって決定し、代表理事が招集する。
2　社員総会の招集通知は、会日より5日前までに各社員に対して発する。

(決議の方法)
第14条　社員総会の決議は、法令に別段の定めがある場合を除き、総社員の議決権の過半数を有する社員が出席し、出席社員の議決権の過半数をもってこれを行なう。

(議決権)
第15条　各社員は、各1個の議決権を有する。

(議　長)
第16条　社員総会の議長は、代表理事がこれに当たる。代表理事に事故があるときは、当該社員総会で議長を選出する。

(議事録)
第17条　社員総会の議事については、法令の定めるところにより議事録を作成し、社員総会の日から10年間主たる事務所に備え置く。

第4章　役　員

(員　数)
第18条　当法人に次の役員を置く。
(1)　理事　2名以上○名以内
(2)　監事　○名

(選任等)
第19条　理事及び監事は、社員総会の決議によって社員の中から選任する。
2　理事のうち、理事のいずれか1名とその配偶者又は三親等内の親族その他特別の関係にある者の合計数は、理事総数の3分の1を超えてはならない。監事についても、同様とする。
3　他の同一の団体（公益法人を除く）の理事又は使用人である者その他これに準ずる相互に密接な関係にある者である理事の合計数は、理事の総数の3分の1を超えてはならない。監事についても同様とする。

> 非営利型一般社団法人の場合には必要です。

(任　期)
第20条　理事の任期は、選任後2年以内の最終の事業年度に関する定時社員総会の終結の時までとし、再任を妨げない。
2　監事の任期は、就任後4年以内に終了する事業年度のうち、最終のものに関する定時社員総会の終結の時までとし、再任を妨げない。
3　補欠として選任された理事又は監事の任期は、前任者の任期の満了する時までとする。
4　理事及び監事は、辞任又は任期満了後において、定員を欠くに至った場合には、新たに選任された者が就任するまでは、その職務を行なう権利義務を有する。

(代表理事・職務権限)
第21条　当法人は、代表理事1名を置き、理事の互選により定める。
2　代表理事は、当法人を代表し、当法人の業務を統括する。

(監事の職務制限)
第22条　監事は、理事の職務の執行を監査し、法令で定めるところにより、監

査報告を作成する。

(役員の報酬)
第23条 役員の報酬等は、社員総会の決議をもって定める。

(取引の制限)
第24条 理事が、次に掲げる取引をしようとする場合には、社員総会において、その取引について重要な事実を開示し、その承認を得なければならない。
(1) 自己又は第三者のためにする当法人の事業の部類に属する取引
(2) 自己又は第三者のためにする当法人との取引
(3) 当法人がその理事の債務を保証することその他理事以外の者との間における当法人とその理事との利益が相反する取引

(責任の一部免除)
第25条 当法人は、役員の一般社団法人及び一般財団法人に関する法律(以下「一般法人法」という)第111条第1項の賠償責任について、法令に定める要件に該当する場合には、社員総会の特別決議によって、賠償責任額から法令に定める最低責任限度額を控除して得た額を限度として、免除することができる。

第5章 基 金

(基金の拠出)
第26条 当法人は、社員又は第三者に対し、一般法人法第131条に規定する基金の拠出を求めることができるものとする。

(基金の募集)
第27条 基金の募集、割当て及び払込み等の手続については、理事が決定するものとする。

(基金の拠出者の権利)
第28条 拠出された基金は、基金拠出者と合意した期日までは返還しない。

(基金の返還の手続)
第29条 基金の拠出者に対する返還は、返還する基金の総額について定時社員総会における決議を経た後、理事が決定したところに従って行なう。

第6章 計 算

(事業年度)
第30条 当法人の事業年度は、毎年○月○日から(翌年)○月○日までの年1期とする。

(事業計画及び収支予算)
第31条　当法人の事業計画及び収支予算については、毎事業年度開始日の前日までに代表理事が作成し、直近の社員総会において承認を得るものとする。これを変更する場合も、同様とする。
2　前項の規定にかかわらず、やむを得ない理由により予算が成立しないときは、代表理事は、社員総会の議決に基づき、予算成立の日まで前年度の予算に準じ収入支出することができる。
3　前項の収入支出は、新たに成立した予算の収入支出とみなす。

(剰余金の分配の禁止)
第32条　当法人の剰余金は、これを一切分配してはならない。

(残余財産の帰属)
第33条　当法人が解散(合併又は破産による解散を除く)したときに残存する財産は、これを東京都に帰属させる。

第7章　附　則

(最初の事業年度)
第34条　当法人の最初の事業年度は、当法人成立の日から平成〇〇年〇月〇日までとする。

(設立時の理事、代表理事及び監事)
第35条　当法人の設立時理事及び代表理事は、次のとおりとする。

　　　　設立時　　理事　　〇　〇　〇　〇
　　　　設立時　　理事　　〇　〇　〇　〇
　　　　設立時　　理事　　〇　〇　〇　〇
　　　　設立時代表理事　　〇　〇　〇　〇
　　　　設立時　　監事　　〇　〇　〇　〇

(設立時の社員の氏名又は名称及び住所)
第36条　当法人の設立時の社員の氏名又は名称及び住所は、次のとおりである。
　　　　　東京都〇〇区〇〇町〇丁目〇番〇号
　　　　　　　〇　〇　〇　〇
　　　　　〇〇県〇〇市〇〇町〇丁目〇番〇号
　　　　　　　〇　〇　〇　〇
　　　　　〇〇県〇〇市〇〇町〇丁目〇番〇号
　　　　　　　〇　〇　〇　〇
　　　　　〇〇県〇〇市〇〇町〇丁目〇番〇号
　　　　　　　〇　〇　〇　〇

　　　　　　　東京都○○区○○町○丁目○番○号
　　　　　　　一般社団法人○　○　○　○

（法令の準拠）
第37条　この定款に定めのない事項は、すべて一般社団法人法その他の法令によるものとする。

　平成○○年○○月○○日

　以上、一般社団法人アニモ会設立のためこの定款を作成し、設立時社員が次に記名押印する。

　　　　　　設立時社員　　○　○　○　○　　㊞

　　　　　　設立時社員　　○　○　○　○　　㊞

　　　　　　設立時社員　　○　○　○　○　　㊞

　　　　　　設立時社員　　○　○　○　○　　㊞

　　　　　　設立時社員　　一般社団法人○○○○代表理事　○○　○○　㊞

> 第32条、33条は非営利型一般社団法人にする場合は必要になります。なお、残余財産の帰属先としては、国、地方公共団体、類似の事業を目的にする他の公益法人、学校法人、社会福祉法人などがあります。

◎「定款」（簡易版）のモデル例◎

一般社団法人アニモ会定款

第1章　総則

（名　称）
第1条　当法人は、一般社団法人アニモ会と称する。

（主たる事務所）
第2条　当法人は、主たる事務所を東京都〇〇区に置く。

（目　的）
第3条　当法人は、〇〇することを目的とし、その目的に資するため、次の事業を行なう。
　(1)　〇〇〇〇
　(2)　〇〇〇〇
　(3)　〇〇〇〇
　(4)　前各号に掲げる事業に附帯又は関連する事業

（公　告）
第4条　当法人の公告は、当法人の主たる事務所の公衆の見やすい場所に掲示する方法による。

第2章　社　員

（入　社）
第5条　当法人の目的に賛同し、入社した者を社員とする。

（社員の資格喪失）
第6条　社員が次の各号の一に該当する場合には、その資格を喪失する。
　(1)　退社したとき
　(2)　成年被後見人又は被保佐人になったとき
　(3)　死亡し、もしくは失踪宣言を受け、又は解散したとき
　(4)　〇年以上会費を滞納したとき
　(5)　除名されたとき
　(6)　総社員の同意があったとき

（退　社）
第7条　社員はいつでも退社することができる。

第3章　社員総会

（社員総会）
第8条　当法人の社員総会は、定時総会及び臨時総会とし、定時総会は、毎年○月にこれを開催し、臨時総会は必要に応じて開催する。

第4章　役　員

（員　数）
第9条　当法人に理事1名を置く。

第5章　計　算

（事業年度）
第10条　当法人の事業年度は、毎年○月○日から（翌年）○月○日までの年1期とする。

第6章　附　則

（最初の事業年度）
第11条　当法人の最初の事業年度は、当法人成立の日から平成○○年○月○日までとする。

（設立時の社員の氏名又は名称及び住所）
第12条　当法人の設立時の社員の氏名又は名称及び住所は次のとおりである。
　　　　　東京都○○区○○町○丁目○番○号
　　　　　　　○　○　○　○
　　　　　○○県○○市○○町○丁目○番○号
　　　　　　　○　○　○　○

　以上、一般社団法人アニモ会を設立するためこの定款を作成し、設立時社員が次に記名押印する。

　平成○○年○○月○○日
　　　　設立時社員　　○　○　○　○　㊞
　　　　設立時社員　　○　○　○　○　㊞

7-4 一般社団法人の設立に必要となる書類

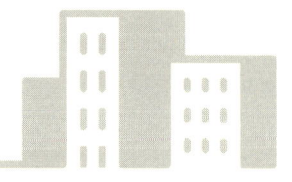

添付モレ、記載ミスのないようにしよう

　一般社団法人を設立する際の手続きで必要となる書類は以下のとおりです。

【一般社団法人設立登記申請書】
　申請書には、登録免許税（手数料のようなもの）として、6万円分の収入印紙を貼ります（次ページ参照）。

【定　款】
　公証人の認証を受けたものです。

　定款に細部を定めていない事項は、その細部について設立者で決定しなければなりませんが、その決定の際に作成した議事録が必要になります。たとえば、以下の2つです。

【設立時理事及び設立時監事の選任決議書】
　定款で設立時役員を定めなかった場合には、設立者で設立時役員を選任しますが、そのときに作成した議事録です（174ページ参照）。定款で設立時役員を定めてある場合は不要です。

【主たる事務所の所在場所決議書】
　定款で主たる事務所の所在地を最小行政区画までしか定めなかった場合には、設立者で細かい地番まで決めますが、そのときに作成した議事録です（175ページ参照）。定款で細かい地番まで定めてある場合には不要です。

　そのほか、以下のような書類も必要になります（176ページへ）。

◎「一般社団法人設立登記申請書」の記載例◎

一般社団法人設立登記申請書

収入印紙
（6万円）

1. 名称　　　　　　一般社団法人アニモ会
1. 主たる事務所　　東京都○○区○○町○丁目○番○号
1. 登記の事由　　　平成○○年○○月○○日設立の手続完了
1. 登記すべき事項　別紙のとおり
1. 登録免許税　　　金60,000円
1. 添付書類

　　定款　　　　　　　　　　　　　　　　　　1通
　　設立時社員の決議書　　　　　　　　　　　1通
　　設立時代表理事の互選に関する書面　　　　1通
　　設立時理事及び設立時代表理事の就任承諾書　3通
　　設立時監事の就任承諾書　　　　　　　　　1通
　　印鑑証明書　　　　　　　　　　　　　　　3通

上記のとおり登記の申請をします。

　　平成○○年○○月○○日　　←【申請日は、一般社団法人の設立日です。】

　　　　東京都○○区○○町○丁目○番○号
　　　　申請人　一般社団法人アニモ会

　　　　東京都○○区○○町○丁目○番○号
　　　　代表理事　○　○　○　○　㊞　　←【代表理事の印鑑証明書どおりに記載します。】

　　　　　　　　　　　　　　　　　　　　　　←【法務局に提出した印鑑（法人の代表者印）を押印してください。】

　　東京法務局　本局　御中

7章　一般社団法人の設立手続きのしかた

◎「設立時理事及び設立時監事の選任決議書」の記載例◎

設立時理事及び設立時監事の選任の決定に関する決議書

平成○○年○○月○○日、一般社団法人アニモ会創立事務所において、設立時社員全員が出席し、その全員の一致の決議により、設立時理事及び設立時監事について次のとおり選任及び決定した。

　　　　設立時理事　　　　○○○○

　　　　設立時理事　　　　○○○○

　　　　設立時監事　　　　○○○○

上記決定事項を証するため、設立時社員の全員は、次のとおり記名押印する。

平成○○年○○月○○日

　　　　　　　　　　　一般社団法人アニモ会

　　　　　　　　　　　設立時社員　○○○○㊞
　　　　　　　　　　　設立時社員　○○○○㊞
　　　　　　　　　　　設立時社員　○○○○㊞
　　　　　　　　　　　設立時社員　○○○○㊞
　　　　　　　　　　　設立時社員　○○○○㊞

> それぞれ個人の実印を押印してください。

◎「主たる事務所の所在場所決議書」の記載例◎

主たる事務所所在場所の決定に関する決議書

平成〇〇年〇〇月〇〇日、一般社団法人アニモ会創立事務所において、設立時社員全員が出席し、その全員の一致の決議により、主たる事務所について次のとおり選任及び決定した。

　　　主たる事務所　　東京都〇〇区〇〇町〇丁目〇番〇号

上記決定事項を証するため、設立時社員の全員は、次のとおり記名押印する。

平成〇〇年〇〇月〇〇日

　　　　　　　　　　一般社団法人アニモ会
　　　　　　　　　　設立時社員　〇　〇　〇　〇　㊞
　　　　　　　　　　設立時社員　〇　〇　〇　〇　㊞
　　　　　　　　　　設立時社員　〇　〇　〇　〇　㊞
　　　　　　　　　　設立時社員　〇　〇　〇　〇　㊞
　　　　　　　　　　設立時社員　〇　〇　〇　〇　㊞

> それぞれ個人の実印を押印してください。

> この決議書は、定款に最小行政区画（市区町村）を記載したときに必要になります。

◎「就任承諾書」の記載例◎　（代表理事の場合）

就任承諾書

私は、平成〇〇年〇〇月〇〇日、貴法人の設立時理事及び設立時代表理事に選任されたので、その就任を承諾します。

平成〇〇年〇〇月〇〇日

　　　　　　　　　　　東京都〇〇区〇〇町〇丁目〇番〇号
　　　　　　　　　　　〇　〇　〇　〇　㊞

　　　　　　　　　　　　　　　← 個人の実印を押印してください。

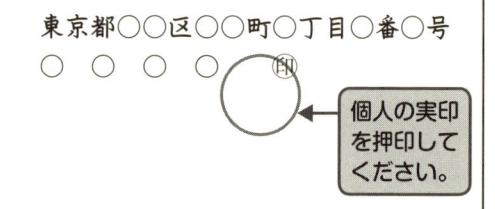

一般社団法人アニモ会御中

【設立時代表理事を選定したことを証する書面】

理事会を設置する一般社団法人で、定款で代表理事を定めなかった場合には、理事のなかから代表理事を選定しますが、そのときに作成した議事録です。定款で代表理事を定めてある場合には、不要です。

【設立時理事、設立時代表理事及び設立時監事の就任承諾書】

設立時の役員を引き受けた人が作成した「就任承諾書」です。理事会を設置する一般社団法人で、代表理事の就任承諾書を省略できるよう議事録を作成した場合には、代表理事の分については不要となります（上図参照）。

【印鑑証明書】

理事会を設置しない場合は、設立時理事全員の印鑑証明書が各1通ずつ必要になります。理事会を設置する場合は、設立時代表理事

◎「登記すべき事項」のテキストファイルの記載例◎

「名称」一般社団法人アニモ会
「主たる事務所」東京都○○区○○町○丁目○番○号
「法人の公告方法」官報に掲載して行なう。
「目的等」
目的
　当法人は、○○することを目的とし、その目的に資するため、次の事業を行なう。
1　○○○○
2　○○○○
3　○○○○
4　前各号に掲げる事業に附帯又は関連する事業
「役員に関する事項」
「資格」理事
「氏名」○　○　○　○
「役員に関する事項」
「資格」理事
「氏名」○　○　○　○
「役員に関する事項」
「資格」代表理事
「住所」東京都○○区○○町○丁目○番○号
「氏名」○　○　○　○
「役員に関する事項」
「資格」監事
「氏名」○　○　○　○
「役員に関する事項」
「理事会設置法人に関する事項」
理事会設置法人
「監事設置法人に関する事項」
監事設置法人
「登記記録に関する事項」設立

> 設置しないときは記載する必要はありません。

の印鑑証明書のみ1通必要です。

【「登記すべき事項」を保存したフロッピーディスクまたはＣＤ-Ｒ】
　登記簿に載せる内容をテキストファイルとして作成して、フロッピーディスクかＣＤ-Ｒに保存して提出します（前ページ参照）。

【印鑑届書】
　一般社団法人の設立登記申請手続きをする際には、同時に、代表者印を届け出る手続きを行なうので、そのための届書を一緒に提出します（3章87ページ参照）。

　そのほか、社団法人の印鑑が必要になります。なお、印鑑は1辺が1～3cmの正方形に収まるサイズでつくる必要があります。

8章

一般社団法人の運営のしかた・税務の取扱い

あなたが知りたいことは？

◎設立後に必要となる届出は？　⇨　180ページ

◎運営していくうえで必要な手続きは？　⇨　184ページ

◎どんな税金がかかるのか？　⇨　186ページ

◎残余財産の帰属の考え方は？　⇨　189ページ

◎ＮＰＯ法人との課税の違いは？　⇨　190ページ

8-1

設立後に必要となる届出と提出書類

　一般社団法人を設立したら、各官公庁に対して届出をしなければなりませんが、大きく分けると次の３つの届出が必要です。
①税金に関する届出
②労働保険関係の届出
③社会保険関係の届出

税金に関する届出

　まず、税務署や都道府県・市区町村に、法人設立の手続きを行ないます。たとえば税務署には、設立の日から２か月以内に「**法人設立届出書**」（次ページ参照）を提出します。

◎税務関係の届出書類のリスト◎

提出先	届出内容	届出書類	提出期限
税務署	法人税	法人設立届出書	設立後２か月以内
		青色申告の承認申請書	設立後３か月を経過した日と設立第１期の事業年度終了の日のうち、いずれか早い日の前日まで
		評価方法の届出書	申告期限まで
		申告期限の延長の特例の申請書	最初に適用を受けようとする事業年度終了の日まで
	源泉所得税	源泉所得税関係の届出書	給与支払事務所を開設して１か月以内
都道府県税事務所　市区町村	地方税	源泉所得税の納期の特例に関する申請書	適用する月の前月末まで
		法人事業開始申告書	条例による
		申告期限の延長の特例の申請書	最初に適用を受けようとする事業年度終了の日まで

◎「法人設立届出書」の記載例◎

法人設立届出書	※整理番号	
税務署受付印	(フリガナ)	イッパンシャダンホウジンアニモカイ
	法人名	一般社団法人アニモ会
	本店又は主たる事務所の所在地	〒○○○-○○○○ 東京都○○区○○町○丁目○番○号 電話(03)○○○○-○○○○
平成○○年○月○日	納税地	〒 同上
○○税務署長殿	(フリガナ)	ヤマダ イチロウ
新たに内国法人を設立したので届け出ます。	代表者氏名	山田 一郎 ㊞
	代表者住所	〒○○○-○○○○ 埼玉県○○市○○町○丁目○番○号

法人の代表者印を押印してください。

設立年月日	平成○○年○月○日	事業年度	(自)○月○日 (至)△月△日
資本金又は出資金の額	1,000,000円	消費税の新設法人に該当することとなった事業年度開始の日	平成 年 月 日

事業の目的	(定款等に記載しているもの)	支店・出張所・工場等	名称	所在地
	(現に営んでいる又は営む予定のもの)			

設立の形態	1 個人企業を法人組織とした法人である場合 2 合併により設立した法人である場合 3 新設分割により設立した法人である場合 (□分割型・□分社型・□その他) 4 現物出資により設立した法人である場合 5 その他 ( )

設立の形態が1～4である場合の設立前の個人企業、合併により消滅した法人、分割法人又は出資者の状況	事業主の氏名、合併により消滅した法人の名称、分割法人の名称又は出資者の氏名、名称	納税地	事業内容等

設立の形態が2～4である場合の適格区分	適格・その他

事業開始(見込み)年月日	平成 年 月 日	添付書類等	1 定款等の写し 2 登記事項証明書(履歴事項全部証明書)、登記簿謄本又はオンライン登記情報提供制度利用(照会番号: 、発行年月日: 年 月 日) 3 株主等の名簿 4 現物出資者名簿 5 設立趣意書 6 設立時の貸借対照表 7 合併契約書の写し 8 分割計画書の写し 9 その他( )
「給与支払事務所等の開設届出書」提出の有無	㊲・無		
関与税理士	氏名 事務所所在地 電話( ) -		

設立した法人が連結子法人である場合	連結親法人名			所轄税務署
	連結親法人の納税地	〒 電話( ) -		
	「完全支配関係を有することとなった旨等を記載した書類」の提出年月日		連結親法人 年 月 日	連結子法人 年 月 日

税理士署名押印		㊞

※税務署処理欄	部門	決算期	業種番号	入力	名簿	通信日付印	年 月 日	確認印

(規格A4)

20.06改正 (法1201)

この手続きの際には、法人の登記事項証明書（いわゆる登記簿謄本）が必要となるので、一般社団法人を設立したらあらかじめ取得しておきましょう。
　なお、後述しますが、非営利型一般社団法人で収益事業を行なわない場合には、税務署への法人設立届は不要です。
　一方、収益事業を行なう場合には、税務署に「収益事業開始届」を提出し、また必要に応じて、「青色申告の承認申請書」や「給与支払事務所等の開設届」などを提出します。
　税務関係で必要となる書類とその提出先については、180ページ表を参照してください。

労働保険関係の届出

　一般社団法人を設立して従業員を1人でも雇うと、**労災保険に加入する義務**が生じます。労災保険とは、正しくは「労働者災害補償保険」といい、従業員が業務中、あるいは通勤中に病気・ケガなどをした場合に補償を行なう制度です。
　労災保険を担当する役所は、**労働基準監督署**です。従業員を雇い入れると、その事業は「適用事業」に該当することになるので、「**適用事業報告**」を労働基準監督署へ提出します。
　また、一般社団法人を設立した場合、原則として、保険関係設立の日（労働者を1人でも採用した日）から10日以内に、「**労働保険関係設立届**」を設立した一般社団法人の所在地を管轄する労働基準監督署（長）に提出します。
　さらに、従業員を1人でも雇う場合は、労災保険と同様に原則として**雇用保険への加入義務**が生じます。
　雇用保険の手続きは、まず、事務所を管轄する公共職業安定所（ハローワーク）に「**雇用保険適用事業所設置届**」を提出します。この適用事業所設置届の提出期限は、一般社団法人を設立して、雇用保険の加入義務のある労働者を雇った日の翌日から10日以内です。また、従業員を雇った月の翌月の10日までには、「雇用保険被保険者

資格取得届」も提出しなければなりません。

なお、公的保険の加入義務の取扱いは、株式会社やＮＰＯ法人と変わりありません。

社会保険関係の届出

法人の場合は１人以上、個人だと常時５人以上の従業員を使用している場合は、**強制適用事業所に該当するため、社会保険（健康保険と厚生年金）に加入**しなければなりません。

一般社団法人は法人なので、１人でも従業員を雇うと加入する義務が生じます。

加入の手続きをするときは、「**健康保険・厚生年金保険新規適用届**」と「**保険料納入告知書送付依頼書**」（口座振替依頼書）を所轄の年金事務所に提出します。

また、社会保険の加入者（加入後は「**被保険者**」と呼びます）についての「**健康保険・厚生年金保険被保険者資格取得届**」も同時に提出します。被保険者に配偶者や子などの被扶養者がいる場合は、「**健康保険被扶養者（異動）届**」を提出します。

一般社団法人を運営していくうえで必要となる手続き

　一般社団法人を運営していく際には、以下の手続きが必要になってきます。

「定時社員総会」の開催

　毎事業年度終了後、決算処理を行なって、定時社員総会でその決算の承認を受けます。

　また、承認を受けた貸借対照表の公告手続き（決算公告）を行なう必要があります。

「決算」とその公告を行なう

　上記のように、毎事業年度終了後、決算処理を行なって、定時社員総会でその決算の承認を受け、承認を受けた貸借対照表の公告手続き（決算公告）を行ないます。

　なお、決算公告は、電子公告の場合は5年間、掲示板掲載の場合は1年間、掲載し続ける必要があります。

法人税等の申告・納付

　課税所得が発生する事業を行なっている場合には、法人税や法人事業税の申告・納付が必要になります。

　また、課税所得の有無にかかわらず、法人住民税の申告・納付が必要です。ちなみに、一般社団法人は、原則として、法人住民税が毎年少なくとも7万円かかります。ただし法人住民税については、条例により減免申請できる場合もあります。

役員に変更があったときは

　一般社団法人の理事の任期は、選任後2年以内に終了する事業年度のうち最終のものに関する定時社員総会の終結の時まで、とされています（定款または社員総会の決議によって、その任期を短縮することができます）。

　また、監事の任期は、選任後4年以内に終了する事業年度のうち最終のものに関する定時社員総会の終結の時まで、とされています（定款によって、その任期を選任後2年以内に終了する事業年度のうち最終のものに関する定時社員総会の終結の時までとすることを限度として短縮することができます）。

　役員については、任期満了となる時期の定時社員総会で、再度、選任手続きを行ない、**役員変更登記の申請手続き**が必要になります。

　なお、仮に役員にまったく変更がない場合でも、「重任」という扱いで、役員変更登記の申請手続きが必要です。

　また、任期に関係なく役員を入れ替える場合には、臨時社員総会を開催して理事や監事の選任を行ない、やはり役員変更登記の申請手続きを行ないます。

8-3 一般社団法人にはどんな税金がかかるのか

一般社団法人への課税は業務形態で異なる

　一般社団法人は、原則として、寄附金や会費収入なども含め、すべての所得が課税対象となります。

　しかし、非営利性を徹底しているなど「**非営利型**」の一般社団法人については、「収益事業」から生じた所得のみが課税対象となり、寄附金や会費収入等については課税されません。

　つまり、一般社団法人に関する課税は、収益事業にのみ課税される一般社団法人（非営利型一般社団法人）と、すべての所得に課税される一般社団法人の2つに大きく分かれます。

①非営利型一般社団法人の場合

　実は、税務上の取扱いから、一般社団法人には「**共益活動型**」の一般社団法人もあり、非営利型および共益活動型の一般社団法人は、ＮＰＯ法人と同様に、収益事業にのみ課税され、寄附金や会費収入等の共益事業については非課税です（非営利型および共益活動型の一般社団法人となるためには、どうしたらよいかについては後述します）。

②非営利型・共益活動型以外の一般社団法人

　非営利型でも共益活動型でもない一般社団法人については、株式会社などの営利法人と同じく、寄附金や会費収入も含めたすべての所得が課税対象となります。

　以上をまとめると、一般社団法人とＮＰＯ法人に対する課税のしくみは、次ページ図のようになります。

◎一般社団法人とNPO法人に対する法人税の取扱い◎

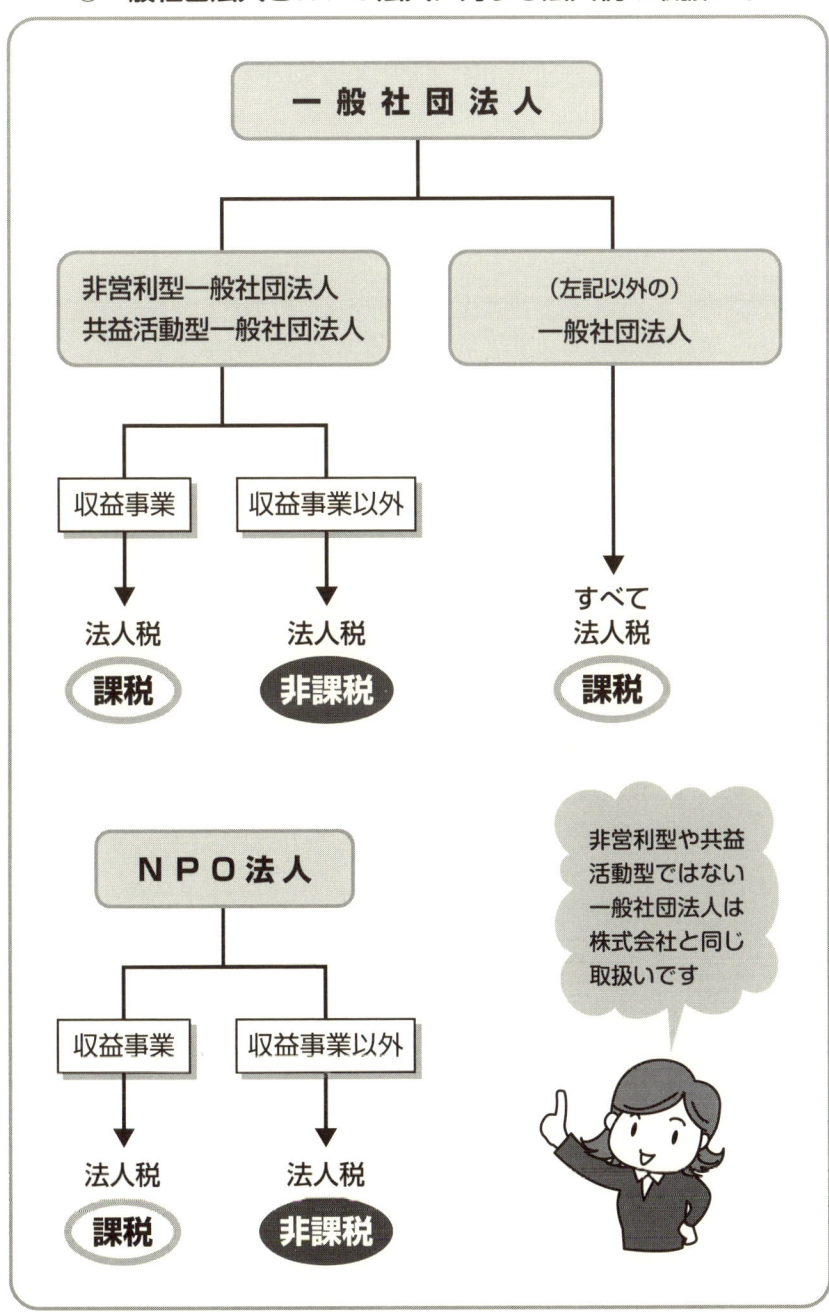

```
                    一 般 社 団 法 人
                    ┌──────┴──────┐
        非営利型一般社団法人          （左記以外の）
        共益活動型一般社団法人          一般社団法人
        ┌─────┴─────┐              │
      収益事業      収益事業以外           ↓
        ↓             ↓              すべて
       法人税         法人税            法人税
      （課税）       （非課税）         （課税）


                    N P O 法 人
                ┌───────┴───────┐
             収益事業            収益事業以外
                ↓                    ↓
              法人税                法人税
             （課税）              （非課税）
```

> 非営利型や共益活動型ではない一般社団法人は株式会社と同じ取扱いです

8章 一般社団法人の運営のしかた・税務の取扱い

非営利型一般社団法人になるにはどうしたらいい?

非営利型一般社団法人となるためには、以下の要件を満たす必要があります。

①主たる事業として収益事業を行なわないこと
②剰余金を分配しない旨の定めが定款にあること
③解散時の残余財産を国もしくは地方公共団体または公益社団法人等に帰属する定めを定款に置くこと
④理事に、三親等以内の親族が3分の1を超えて含まれてはいけないという理事の親族制限に違反しないこと
⑤過去に定款違反がないこと

なお、「収益事業」に該当する事業については94ページを参照してください。また、残余財産の帰属に関する取扱いについては次ページのコラムを参照してください。

共益活動型一般社団法人になるにはどうしたらいい?

税務上のメリットがある共益活動型一般社団法人となるためには、以下の要件を満たす必要があります。

①会員に共通する利益を図る活動を行なうことを主たる目的としていること
②主たる事業として収益事業を行なわないこと
③定款等に会員が負担すべき金銭の額(会費)の定めがあること
④定款に、特定の個人や団体に剰余金の分配を受ける権利を与える旨の定めがないこと
⑤定款に解散時の残余財産を特定の個人や団体に帰属する定めがないこと

> **知っ得コラム**
>
> ## 残余財産の帰属
>
> 　一般社団法人は、非営利性については不徹底です。たとえば、一般社団法人（一般財団法人についても同様）が解散し、債務を完済した後の残余財産の帰属については、その帰属を定款で定めている場合には定款の定めるところにより、定款の定めがない場合には社員総会の決議によることになっています。
>
> 　つまり、定款には残余財産の帰属先を定めずに、社員総会に一任することも可能となっているわけです。
>
> 　したがって、税法上、一般社団法人がNPO法人と同じように収益事業に対しても課税されないためには、定款に「利益の分配を認めず、残余財産も国や一定の公益的な団体に贈与する」ことを定めているという「非営利性が徹底している法人」である必要があるのです。

⑥解散時の残余財産を国もしくは地方公共団体または公益社団法人等に帰属する定めを定款に置くこと
⑦理事について、三親等以内の親族が3分の1を超えて含まれてはいけないという理事の親族制限に違反していないこと
⑧特定の個人または団体に特別の利益を与えたことがないこと

法人住民税の取扱い

　法人住民税には、大きく分けると、法人税額に応じて課税される「**法人税割**」と、法人税を支払っていない場合、つまり赤字でも課税される「**均等割**」の2つがあります。

　法人税割については、NPO法人と同様、一般社団法人も収益事

◎一般社団法人およびＮＰＯ法人に対する課税◎

	一般社団法人	NPO法人
法人税 法人住民税法人税割 法人事業税	非営利型一般社団法人は収益事業のみ課税。それ以外は全所得について課税	収益事業のみ課税
法人住民税均等割	非営利型一般社団法人の場合で、収益事業を行なっていない場合でも自治体によっては課税対象となる	収益事業を行なっていない場合で、免除申請をすれば免除
登録免許税等の登録時費用	約11万2,000円 （定款認証約5万2,000円＋登録免許税6万円）	0円

業を行なっている場合のみ課税されます。一方、均等割については、ＮＰＯ法人と一般社団法人とでは取扱いが異なります。

　ＮＰＯ法人の場合には、収益事業を行なっていなければ、都道府県や市区町村に免除申請をすることによって税額納付の免除を受けることができます。

　しかし、非営利型一般社団法人の場合には、自治体によって扱いが異なり、均等割の免除の対象とならないケースもあるので注意が必要です。

　以上、一般社団法人およびＮＰＯ法人に対する法人税等の取扱いをまとめると上表のようになります。

9章

社団法人が公益認定を受けるしくみ

あなたが知りたいことは？

◎公益社団法人とは？　→ 192ページ
◎公益認定を受けるメリットは？　→ 195ページ
◎公益認定を受けるデメリットは？　→ 195ページ
◎公益目的事業とはどんな事業か？　→ 197ページ
◎公益社団法人の設立手続きは？　→ 200ページ

9-1 公益社団法人の認定を受けるにはどうする？

「公益社団法人」とは

　一般社団法人のうち、公益事業を主たる目的としている法人で、申請により民間有識者から構成される委員会等で公益性を認定された社団法人を「**公益社団法人**」といいます。

　一般社団法人のうち、公益目的事業を行なうことを主たる目的としている法人は、一定の要件を満たす場合には、行政庁に申請をし、公益社団法人の認定を受けることができます。

　申請を受けた行政庁は、「**公益認定等委員会**」など合議制の機関に付議し、そこで認定基準を満たすかどうか判断され、認定されれば公益社団法人となります。

　ちなみに、公益認定等委員会は内閣府に設置され、7人の委員から構成されています。

　公益法人については、**制度改革**が行なわれています（1章12ページ参照）。

　従来は、主務官庁が社団法人の設立および公益性の判断を一体として行なってきました。しかし、新しい公益法人制度では、裁量の大きい主務官庁制を廃止し、法人の設立と公益性の判断を分離して、公益性の判断には内閣府や各都道府県に設置される「公益認定等委員会」などの第三者機関が「**公益認定基準**」に従って公益性を判断することになりました。

　公益認定基準は18項目あり、具体的な内容は次ページ図にあげたとおりです。なお、「公益目的事業」については後述します。

◎「公益認定基準」の18項目◎

① 公益目的事業が主たる目的である

② 公益目的事業を行なうための経理的基礎や技術的能力がある

③ 社員、評議員、理事、監事、使用人などに特別な利益を与えていない

④ 会社経営者、特定の個人などに寄附や特別な利益を与えていない

⑤ 投機的な取引、公の秩序や善良の風俗を害する事業を行わない

⑥ 公益目的事業の収入がその事業に必要な適正な費用を超えていない

⑦ 収益事業等を行なう場合、公益目的事業の実施に支障がない

⑧ 公益目的事業比率が50％以上である

⑨ 遊休財産額が1年間の公益目的事業の実施費用を超えない

⑩ 役員の親族等の合計が役員総数の3分の1を超えない

⑪ 他の同一団体の役員、使用人等の合計数が役員総数の3分の1を超えない

⑫ 大規模法人の場合には会計監査人を置いている

⑬ 役員に対する報酬等が民間事業者に比べて不当に高額でない

⑭ 社員資格の得喪に不当な差別的条件を付けていない等

⑮ 原則として他の団体の意思決定に関与できる株式等を保有していない

⑯ 公益目的事業を行なうために不可欠な特定財産がある場合には、その旨や維持、処分について定款で定めている

⑰ 公益認定の取消し処分等があった場合、公益目的取得財産残額を公益認定取消し日から1か月以内に類似事業目的の公益法人等に帰属させることを定款で定めている

⑱ 清算をする場合、残余財産を類似事業目的の公益法人等に帰属させることを定款で定めている

欠格要件に該当していないか

以下の「欠格要件」に該当する場合、公益認定を受けることはできません。

- その理事、監事および評議員のうちに、次のいずれかに該当する者があるもの
  - 公益法人が公益認定を取り消された場合において、その取消しの原因となった事実があった日以前1年内に当該公益法人の業務を行なう理事であった者で、その取消しの日から5年を経過しない者
  - 公益社団法人および公益財団法人の認定等に関する法律等の規定に違反し、罰金の刑に処せられ、その執行を終わり、または執行を受けることがなくなった日から5年を経過しない者
  - 禁錮以上の刑に処せられ、その刑の執行を終わり、または刑の執行を受けることがなくなった日から5年を経過しない者
  - 暴力団員または暴力団員でなくなった日から5年を経過しない者
- 公益認定を取り消され、その取消しの日から5年を経過しないもの
- その定款または事業計画書の内容が法令または法令にもとづく行政機関の処分に違反しているもの
- その事業を行なうに当たり、法令上必要となる行政機関の許認可等を受けることができないもの
- 国税または地方税の滞納処分の執行がされているもの、または当該滞納処分の終了の日から3年を経過しないもの
- 暴力団員等がその事業活動を支配するもの

9-2 公益認定を受けることのメリット・デメリット

公益社団法人のメリット

公益社団法人となると、大きく2つのメリットがあります。

①名称独占と社会的信頼性の向上

「公益社団法人」という名称は、公益認定を受けた法人以外には使用することができないし、誤認される恐れのある類似性のある名称も使用できません。

公益認定を受けるには前述のように厳しい基準があり、簡単に公益法人となることはできないので、公益性の確保と社会的信頼性の向上へつながるといえます。

②税務上の優遇措置

公益認定を受けた法人や、その公益認定を受けた法人に対して寄附を行なう個人や法人には、税務上の優遇措置や寄附金に対する優遇税制が適用されます。その意味では、公益社団法人になると寄附が受けやすくなるので、資金集めにも、また節税にも有利な法人格といえるでしょう。

また、公益社団法人は、収益事業に属する資産のうちから、公益目的事業のために支出した金額を寄附金とみなすことができる「みなし寄附金制度」が適用されます。この点は非営利型一般社団法人とは異なりますが、認定NPO法人とは同じ取扱いです。

公益認定を受けることのデメリット

公益社団法人となることにはデメリットもあります。

①事業活動の制約

一般社団法人については、基本的に事業活動の制約はありません

◎一般社団法人と公益社団法人を比較すると◎

	一般社団法人	公益社団法人
設立手続き	設立登記のみ	設立登記後に行政庁へ公益認定申請
設立時資金(基金)	不要	不要
設立者数	2人以上	2人以上
理事数	1人以上	3人以上
理事会	任意	必ず設置
監事数	1人以上(理事会設置の場合)	1人以上
会計監査人	原則不要	基準を超えた場合は1人以上必要
公証人手数料	5万円	5万円
登録免許税	6万円	6万円
所轄庁	なし	なし
監督	なし	都道府県庁または内閣府
許認可	なし	公益性認定
設立期間	2週間〜4週間程度	設立2週間〜4週間程度＋認定相当期間
社会的信用	低い	高い
課税	全所得課税と収益事業課税に区分	原則非課税。公益目的以外は課税
税率	株式会社や合同会社などと同じ	株式会社や合同会社などと同じ
寄附金優遇	非営利型の場合、優遇あり	あり
報告義務	なし	毎年度、行政庁に提出
法人格の取消し	休眠の場合は解散	認証取消しの場合は解散

が、公益認定を受けた場合には、公益認定基準に反しないようにしなければなりません。

また、公益社団法人になると、機関設計も複雑になるので、一般社団法人と比較しても自由で柔軟とはいえません。

②行政庁の指導監督

一般社団法人については、業務や運営に関する行政庁の監督はありませんが、公益社団法人は、公益性の確保と事業の適正な運営を維持する観点から、行政庁の指導監督下に置かれることになります。また、会計処理もより煩雑になります。

9-3 公益目的事業とはどんな事業をいうのか

　公益認定を受けるには、「公益目的事業が主たる目的である」必要があります。公益認定法では、公益目的事業の定義として、以下の2点をあげています。
①学術、技芸、慈善その他の公益に関する別表に掲げる種類の事業であること
②不特定かつ多数の者の利益の増進に寄与するものであること
　それぞれについて、みていきましょう。

学術、技芸、慈善その他の公益事業であること

　「学術、技芸、慈善その他の公益に関する別表に掲げる種類の事業であること」の別表に掲げる種類の事業とは、具体的には以下のものを指します。

①学術および科学技術の振興を目的とする事業
②文化および芸術の振興を目的とする事業
③障害者もしくは生活困窮者または事故、災害もしくは犯罪による被害者の支援を目的とする事業
④高齢者の福祉の増進を目的とする事業
⑤勤労意欲のある者に対する就労の支援を目的とする事業
⑥公衆衛生の向上を目的とする事業
⑦児童または青少年の健全な育成を目的とする事業
⑧勤労者の福祉の向上を目的とする事業
⑨教育、スポーツ等を通じて国民の心身の健全な発達に寄与し、または豊かな人間性を涵養することを目的とする事業
⑩犯罪の防止または災害の防止を目的とする事業

⑪事故または災害の防止を目的とする事業
⑫人種、性別その他の事由による不当な差別または偏見の防止および根絶を目的とする事業
⑬思想および良心の自由、信教の自由または表現の自由の尊重または擁護を目的とする事業
⑭男女共同参画社会の形成その他のよりよい社会の形成の増進を目的とする事業
⑮国際相互理解の促進および開発途上にある海外の地域に対する経済協力を目的とする事業
⑯地球環境の保全または自然環境の保護および整備を目的とする事業
⑰国土の利用、整備または保全を目的とする事業
⑱国政の健全な運営の確保に資することを目的とする事業
⑲地域社会の健全な発展を目的とする事業
⑳公正かつ自由な経済活動の機会の確保および促進ならびにその活性化による国民生活の安定向上を目的とする事業
㉑国民生活に不可欠な物資、エネルギー等の安定供給の確保を目的とする事業
㉒一般消費者の利益の擁護または増進を目的とする事業
㉓前各号に掲げるもののほか、公益に関する事業として政令で定めるもの

不特定かつ多数の者の利益増進に寄与すること

「不特定かつ多数の者の利益の増進に寄与するものであること」の「不特定かつ多数」とは、その事業により提供される便益を受ける者が、特定の範囲のものに限られず、かつ、その数が多い場合をいいます。

また、「不特定かつ多数の者の利益の増進に寄与するもの」という事実があるかどうかについては、公益認定等委員会が判断するこ

とになります。その際に、「その法人が行なう事業が不特定かつ多数の者の利益の増進に寄与するものであるかどうか」の事実認定にあたって留意する点として公表されているのが、「**公益目的事業のチェックポイント**」です。

　これは、内閣府の公益法人に関するホームページでその内容の詳細を確認することができますが、具体的には、事業の特性に応じて、次の17の事業区分ごとに、公益目的事業のチェックポイントを掲げています。これ以外の事業についてのチェックすべき点については、「上記の事業区分に該当しない事業についてチェックすべき点」に掲げています。

①検査検定　②資格付与　③講座、セミナー、育成
④体験活動等　⑤相談、助言　⑥調査、資料収集
⑦技術開発、研究開発　⑧キャンペーン、○○月間
⑨展示会、○○ショー　⑩博物館の展示　⑪施設の貸与
⑫資金貸付、債務保証等　⑬助成（応募型）
⑭表彰、コンクール　⑮競技会　⑯自主公演　⑰主催公演

9-4 公益社団法人の設立手続き

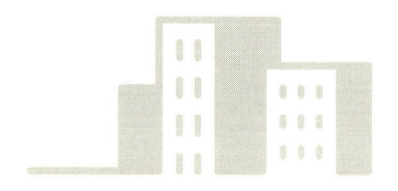

一般社団法人を設立してから申請する

　公益社団法人の設立は、まずは一般社団法人を設立し、その後、内閣府または各都道府県に「**公益認定申請**」を行なって手続きします（移行認定の場合は除きます）。

　そして、公益認定を受けたら**名称の変更登記**をします。公益認定を受けたことを証する書面を「**変更登記申請書**」（次ページ参照）に添付し、認定後２週間以内に変更手続きを行なうようにしましょう（従たる事務所に関しては３週間以内です）。

◎申請から認定までの流れ◎

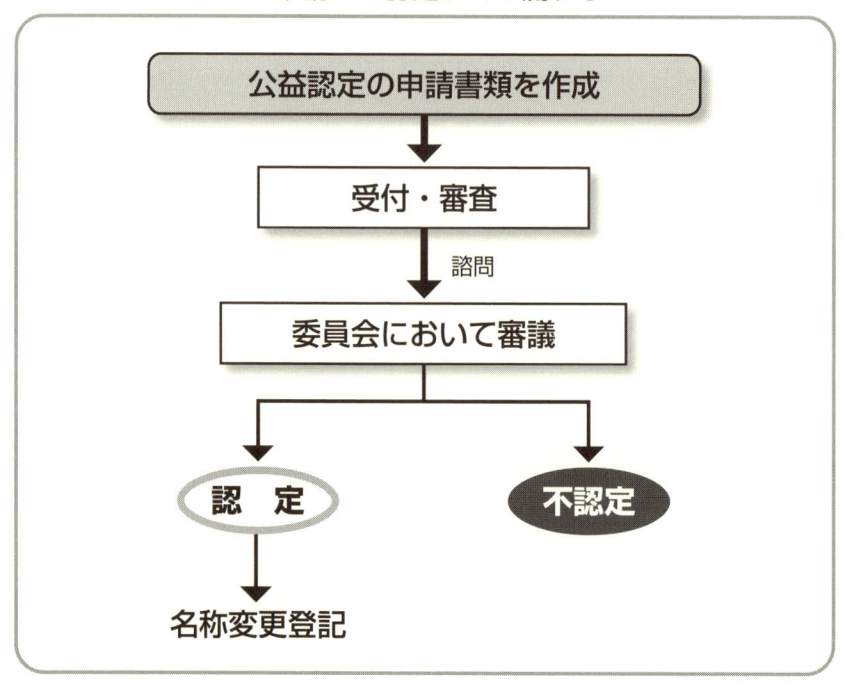

```
公益認定の申請書類を作成
       ↓
    受付・審査
       ↓ 諮問
   委員会において審議
    ↓          ↓
  認 定       不認定
    ↓
 名称変更登記
```

◎「変更登記申請書」の記載例◎

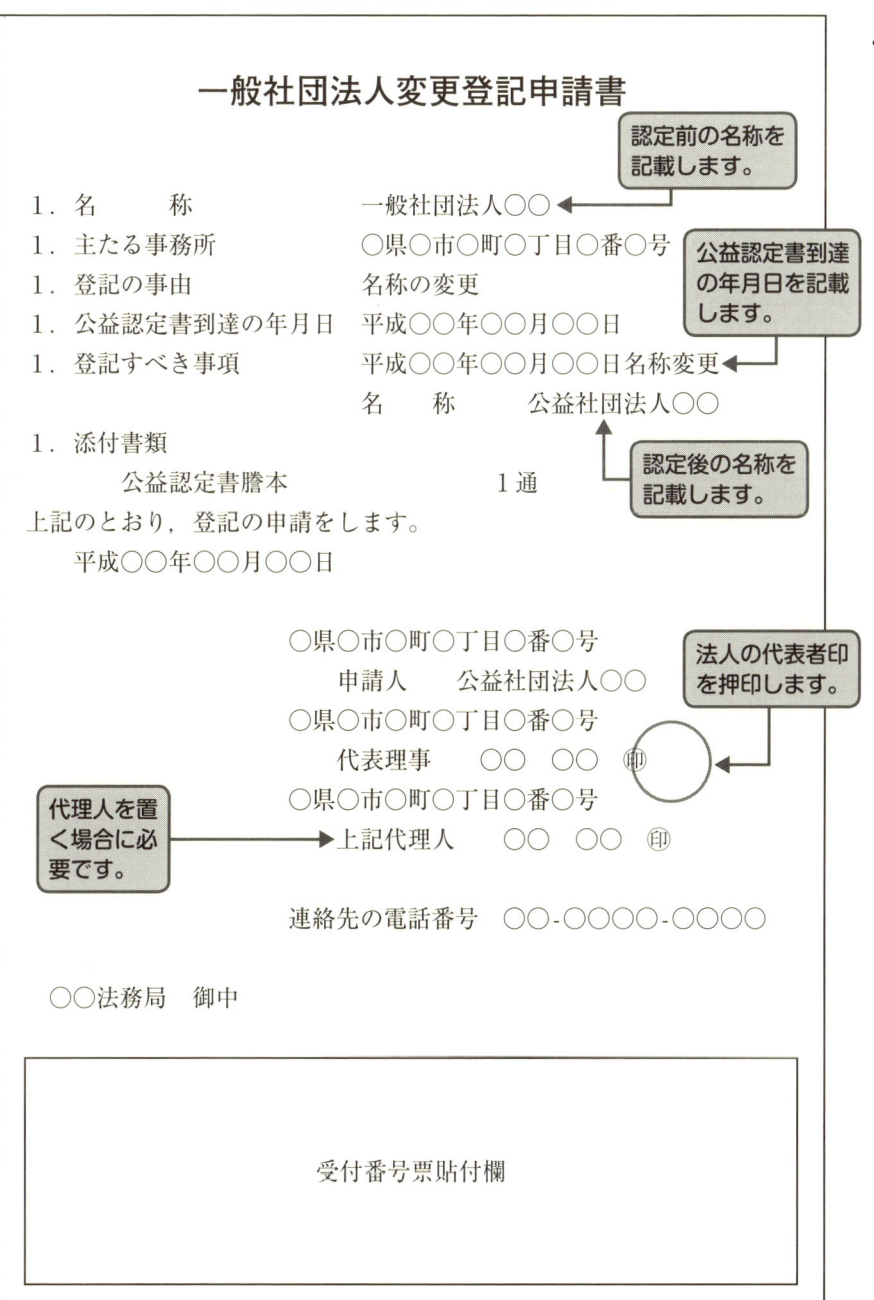

一般社団法人変更登記申請書

1．名　　　称　　　　　　一般社団法人〇〇　　←（認定前の名称を記載します。）
1．主たる事務所　　　　　〇県〇市〇町〇丁目〇番〇号
1．登記の事由　　　　　　名称の変更
1．公益認定書到達の年月日　平成〇〇年〇〇月〇〇日　←（公益認定書到達の年月日を記載します。）
1．登記すべき事項　　　　平成〇〇年〇〇月〇〇日名称変更
　　　　　　　　　　　　　名　　　称　　　公益社団法人〇〇　←（認定後の名称を記載します。）

1．添付書類
　　　　公益認定書謄本　　　　　　　　　1通

上記のとおり，登記の申請をします。
　　平成〇〇年〇〇月〇〇日

　　　　　　　　　　　　　〇県〇市〇町〇丁目〇番〇号
　　　　　　　　　　　　申請人　　公益社団法人〇〇
　　　　　　　　　　　　　〇県〇市〇町〇丁目〇番〇号
　　　　　　　　　　　　代表理事　　〇〇　〇〇　㊞　←（法人の代表者印を押印します。）
　　　　　　　　　　　　　〇県〇市〇町〇丁目〇番〇号
（代理人を置く場合に必要です。）→　上記代理人　　〇〇　〇〇　㊞

　　　　　　　　　　　　連絡先の電話番号　〇〇-〇〇〇〇-〇〇〇〇

　〇〇法務局　御中

受付番号票貼付欄

公益社団法人への移行を前提にした社団法人の設立

　一般社団法人の設立時から、公益社団法人への移行をめざす場合には、設立時からある程度、公益社団法人としての要件を満たすような一般社団法人を設立するほうが、いざ移行しようというときの手続きがスムーズに進みます。

　そこで、公益社団法人への移行を前提とした一般社団法人を設立する場合には、以下のポイントに気をつけましょう。

- 設立する一般社団法人が主に行なう事業が「公益目的事業」に該当することを確認する
- 理事会と監事を設置する（役員として、理事3名以上と、監事1名以上が必要）
- 社員や会員として一般社団法人に入社・入会するための条件をつけない（条件をつける場合は、合理的な理由を検討する）
- 社員や会員から会費等を徴収する場合には、その額を社員総会で定めるようにする
- 社員総会の議決権を平等（1人一票）とする
- 理事や監事の選任で、親族制限・同一団体の制限を設ける
- 監事は公認会計士や税理士などの資格者、または法人の経理等の経験者を選任するようにする
- 剰余金の分配を禁止するとともに、役員や社員、基金の拠出者とその家族の利益になるような活動を禁止する
- 事業年度開始日前に、事業計画書・収支予算書を作成し、理事会の承認を得るようにする
- 事業年度終了後の事業報告・計算書類の作成、監査、定時社員総会への提出等を定款で明確化する
- 残余財産の帰属先は、公益法人など法律で定められた者となるようにする

公益認定の申請をする際に必要な書類

　一般社団法人が公益認定を申請する場合は、「**公益認定申請書**」（次ページ参照）を内閣府または各都道府県に提出して行ないますが、その際には以下の書類を添付することになっているので、忘れないようにしましょう。

①定款
②登記事項証明書
③理事等の名簿
④理事、監事および評議員に対する報酬等の支給の基準を記載した書類
⑤確認書
⑥許認可等を証する書類（ただし、許認可等を必要とする場合のみ）
⑦滞納処分に係る国税および地方税の納税証明書
⑧事業計画書
⑨収支予算書
⑩前事業年度末日の財産目録
⑪前事業年度末日の貸借対照表およびその附属明細書
⑫事業計画書および収支予算書に記載された予算の基礎となる事実を明らかにする書類
⑬事業・組織体系図

　そのほか、次の事項に該当する法人のみが対象ですが、以下の書類を添付しなければならないこともあります。

⑭社員の資格の得喪に関する細則
⑮会員等の位置づけ、および会費に関する細則
⑯寄附の使途の特定の内容がわかる書類（公益目的事業以外に

◎「公益認定申請書」の記載例◎

〇〇年 〇 月 〇 日

内閣総理大臣
　〇〇　〇〇　殿

　　　　　　　　　　　法人の名称　　一般社団法人アニモ会
　　　　　　　　　　　代表者の氏名　　山田　一郎　㊞

公益認定申請書

（法人の代表者印を押印する。）

　公益社団法人及び公益財団法人の認定等に関する法律第5条に規定する公益認定を受けたいので、同法第7条第1項の規定により、下記のとおり申請します。

記

1　主たる事務所の所在場所
　　　東京都〇〇区〇〇町〇丁目〇番〇号
2　従たる事務所の所在場所
　　　なし
3　公益目的事業を行う都道府県の区域
　　　日本全国
4　公益目的事業の種類及び内容
　　　別紙のとおり
5　収益事業等の内容
　　　別紙のとおり

（事業の実態を十分に把握できるよう、別紙には詳細に記載します。）

◎各種法人を比較してみると◎

	一般社団法人	一般財団法人	公益社団法人・公益財団法人	NPO法人	株式会社
事業の内容	制限なし	制限なし	主に公益目的事業	主に特定非営利事業	制限なし
設立の手続	登記	登記	公益認定	認証	登記
基金、資本金	0円でよい	300万円以上	一般法人に同じ	なし	1円以上
最低の員数	2名以上	7名以上	一般法人に同じ	10名以上	1名以上
設立の費用	約11万円	約11万円	認定には0円	0円	約25万円〜（電子認証の場合は約21万円）
設立難易度	容易	容易	非常に難しい	比較的容易	容易
設立の期間	1か月以内	1か月以内	数か月〜1年以上	5か月程度	1か月以内
税金の優遇	制度あり	制度あり	適用される	適用される	なし
収益の分配	できない	できない	できない	できない	できる
監督所轄庁	なし	なし	報告義務あり	報告義務あり	なし

使途を特定した寄附がある場合のみ）

　一般社団法人やNPO法人などと株式会社などについて主な項目を比較すると上表のようになります。

おわりに

　本書をお読みいただき、ありがとうございます。

　私は、ＮＰＯ法人や一般社団法人などの非営利法人について、数年前まではどちらかというと懐疑的でした。しかし、数年前にとあるＮＰＯ法人の代表の方の講演を聞く機会があり、私のこの考えは完全に崩れました。

　講演のなかで特に印象的だったのが、「余るからあげるのではない、大切なものを分ける」という言葉でした。決して特別なことではなく、それぞれができることをし続けていくことで、社会的な課題は解決できるのだと知りました。また、これがきっかけとなり、さまざまなＮＰＯ法人や一般社団法人などの存在を知り、自分にも何かできるのではないかと思うようになったのです。

　そして、社会をよくしようという想いをお持ちの方のお手伝いをすることが、数ある社会的な課題に対し、行政書士として自分ができることなのではないかと思い、「**一般社団法人・ＮＰＯ法人設立.com**」(http://www.syadan-npo.com) というホームページを立ち上げました。

　以来、事業を始める方の想いを形にするためにはどの法人形態が適しているのか、どうしたら持続的な事業として成立するのかなどについて、税務や労務の専門家とも連携をしながら、単なる手続きにとどまらずに幅広いサポートを心がけてきました。

　そして今回、人生初の出版というお話をいただき、自分には大役過ぎるとも思いましたが、これから社会の役に立つ起業をしたいという皆さまのお役に立つのであればとの思いでチャレンジさせていただきました。

　このような機会を与えていただいた特定社会保険労務士の佐藤広一さん、出版に関わってくださった皆さま、そして、初めての出版に苦戦しているときに支え、見守ってくれた妻や家族に心からの感謝の気持ちを贈ります。

石下　貴大

石下貴大（いしげ　たかひろ）

1978年10月、栃木県生まれ。2008年1月、行政書士試験合格。同年5月に行政書士石下貴大事務所を開業。開業以来、産業廃棄物やリサイクル事業などの環境ビジネス支援、および株式会社や一般社団法人、NPO法人などの起業支援に特化した事務所として多くの案件を手がける。また、行政書士が実務を学ぶ場が少ない現状から、実務力の向上が社会の利益になるという理念のもと、一般社団法人行政書士の学校を設立し、代表理事に就任。2014年10月に行政書士法人GOALを設立、代表社員に就任。
著書に、『駆け出し行政書士さんのための実務の学校』『駆け出し行政書士さんのための実務の手引』『廃棄物処理の正しいルールと実務がわかる本』(以上、翔泳社)、『行政書士の「お仕事」と「正体」がよ〜くわかる本』(秀和システム)がある。

HP：http://www.go-al.co.jp
一般社団法人・NPO法人設立.com：http://www.syadan-npo.com
行政書士の学校HP：http://www.gyo-gaku.com
ブログ：http://ameblo.jp/fc-ishige
Facebook：http://www.facebook.com/ginza.ishige

図解でわかる
NPO法人・一般社団法人　いちばん最初に読む本
2012年7月30日　初版発行
2016年10月25日　第8刷発行

著　者　石下貴大
発行者　吉溪慎太郎

発行所　株式会社アニモ出版
　　　　〒162 0832 東京都新宿区岩戸町12 レベッカビル
　　　　TEL 03(5206)8505　FAX 03(6265)0130
　　　　http://www.animo-pub.co.jp/

Ⓒ T.Ishige2012　ISBN978-4-89795-142-3
印刷：文昇堂／製本：誠製本　Printed in Japan

落丁・乱丁本は、小社送料負担にてお取り替えいたします。
本書の内容についてのお問い合わせは、書面かFAXにてお願いいたします。

アニモ出版 **すぐに役立つ実用書・実務書**

会社をつくるときのありとあらゆる届出・手続きができる本

富山 さつき 編著　定価 本体1600円(税別)

　会社設立前の準備から、設立時の届出・手続き、設立後の必須知識まで、登記・法務・会社法・労働法・税務・経理・社会保険について、知りたいことがなんでも載っている本!

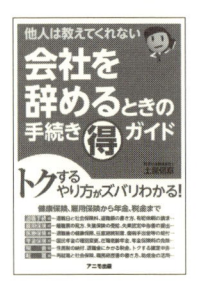

会社を辞めるときの手続き㊙ガイド

土屋 信彦 著　定価 本体1500円(税別)

　自己都合、定年、病気、出産・育児、リストラ、解雇…あらゆるケースに対応した、健康保険、雇用保険から年金、税金まで、退職・転職の際のトクするやり方がズバリわかる本!

定年前後の知らなきゃ損する手続き㊙ガイド

【改訂2版】土屋 信彦 著　定価 本体1600円(税別)

　継続再雇用、転職、起業、個人事業、パート勤務、リタイアして悠々自適…あらゆるケースに応じた、退職手続から年金、雇用保険、医療保険、税金までトクするやり方がわかる本!

シニア起業を思い立ったらいちばん最初に読む本

佐藤 千咲 著　定価 本体1800円(税別)

　生きがいと働きがいを求めて、定年前後に自分の会社をつくったり、開業する際に必須の知識とノウハウを網羅。さぁ、あなたも、経験を活かしてやりたいことに挑戦してみよう!

定価には消費税が加算されます。定価変更の場合はご了承ください。